무소유 잠언집

나의 소중한 _____에게

무소유 잠언집

1쇄 발행	2011년 1월 15일
14쇄 발행	2020년 8월 14일
편 저 자	김세중
펴 낸 이	김상철
발 행 처	휘닉스드림
등록번호	제300-2007-90호
주 소	서울특별시 종로구 종로1가 르메이에르 1415호
전 화	02) 723-1188
팩 스	02) 735-5501
이 메 일	pd2200@naver.com
I S B N	978-89-93335-32-3 13810

ⓒ 2020 PhoenixDream Inc.
Printed in Seoul, Korea

• 잘못 만들어진 책은 본사나 구입하신 서점에서 교환하여 드립니다.
이 책은 저작권법에 의해 보호를 받는 저작물이므로 무단전재와 무단복제를 금합니다.

진정한 삶의 가치를 보여주신 성철·법정 스님

무소유 잠언집

| 김세중 편저 |

휘닉스

_책 머리에

내 소망은 단순하게 사는 일이다

세상과의 다리가 되고자 하셨던 법정스님!
부처님과의 다리가 되고자 하셨던 성철스님!

무소유의 화두를 던지시고, 무소유의 삶을 몸소 실천하시다 가신 두 분 스님의 맑고 향기로운 교훈들은 지금 이 세상에 남아 있는 우리 중생들의 가슴속에 텅 빈 충만으로 영원히 남아있을 것입니다. 이에 우리들은 두 분 스님의 행동과 말씀을 통하여 위로 받았던 기억들을 떠올려 보면서 진정한 행복의 가치를 다시 한 번 생각해 봅니다.

법정스님은 생전에 종교를 초월하여 많은 분들과 교우하셨습니다. 특히 절친하셨던 이해인 수녀님은 세상을 떠나신 스님의 영면을 기원하면서 이렇게 추모의 글을 쓰셨습니다.

"무소유 삶을 실천하신 스님의 설법과 글들로
수많은 중생들이 위로 받으며

기쁨과 평화를 누리고 행복해 하였습니다.
법정스님! 스님을 못 잊고 그리워하는 이들의 가슴속에
자비의 하얀 연꽃으로 피어나시고
부처님의 미소를 닮은 둥근달로 떠오르십시오."

법정스님은 평소 우리에게 비움의 중요성에 대해 늘 강조하셨습니다. 우리가 얻고자 하는 참 진리를 얻기 위해서는 비워내는 자세를 수행해야 한다고 하시면서 사람의 삶이 괴로운 것은 소유를 집착하는 비이성적인 열정 때문이라고도 하셨습니다.

스님은 우리가 참선하여 궁극적으로 나아갈 삶에 대해 말씀하시면서 우리들의 목표는 풍부한 소유가 아니라 풍성한 존재라고 하셨습니다. 삶의 부피보다는 질을 중요하게 여기는 삶이야말로 사람다운 삶이라 하신 법정 스님은 우리에게 채우려 하지 말고, 비워내라 하셨습니다. 그리고 그 빈 곳에서 진정함이 메아리친다 하셨습니다.

우리가 자신 안의 참 불성을 찾아가는 길, 그 구도의 궁극적 목표는 해탈일 것입니다. 그것은 물질과 정신, 밖과 안 모두에서 벗어나, 자유로워지는 일일 것입니다. 법정 스님은 이것에 대해 이르기를, 심지어 우리는 자신의 종교에서까지 자유로워져야 한다고 말씀하셨습니다. 우리는 어느 하나에도 얽매이지 않고 텅 비어있어야 한다고 말입니다. 스님은 이 비움에 대해 설법하시길 비움이란 아무것도 없는 것이 아니라고 하시면서 무슨 일을 하되 얽매이지 않는 의식이 진정한 비움이라 하셨습니다.

비움, 이것은 어쩌면 삶의 틈새일지도 모릅니다. 우리는 공고한 삶의 형태를 지탱하며 살아갑니다. 하지만 어느 한구석 빈틈없이 꽉 막혀 채우기만 한다면, 그 삶의 형태는 지속적이지 못할 것입니다. 우리는 삶의 틈새로부터 얻고 비우며 정화됩니다.

우리 옛 선조들은 감이 맛있게 익는 가을이 오면, 감나무에 익은 감 몇 개는 까치 몫으로 남겨두었습니다. 수확이 끝난 고향 마을 감나무에 매달린 감 몇 개는 사람을 사람답게 만들어 주는 삶의 틈새요, 자연스런 비움입니다.

이렇게, 비우고 비우는 참선이란 뜻밖의 곳에 있지 않으며 특별히 따로 몰입하고 집중하는 것이 아닙니다. 우리가 살아가는 생활 속에서 자연스럽게 이루어지는 비움이야말로 자유로운 피안의 세계로 다가가는 지름길입니다.

성철 스님은 매사에 무심할 것을 강조하셨습니다. 하지만 성철 스님이 말씀하시는 무심이란 막연하게 생각이 없는 상태를 뜻하는 것은 아닙니다.

스님은 만일 어떤 구도자가 분주함을 싫어하고 조용함을 좋아한다면 그는 바로 깨친 사람이 아니라고 하시면서 깨침을 얻은 사람이라면 조용함을 조용함이라 느끼지 못하고, 분주함을 분주함이라 느끼지 못한다고 하셨습니다.

또한 진정한 마음의 평정을 얻은 사람이라면 조용함과 분주함을 모두 깨친 사람이라고 하셨습니다. 그리하여 극락에서나 지옥에서나 싫어함 없이 무심함을 잃지 않는 사람이라고 말씀하셨습니다.

사람들은 푸른 하늘과 끝없는 대지가 맞닿은 곳을 지평선이라고 부릅니다. 그리고 그들은 그 지평선을 지상의 낙원으로 흔히 표현하고 있습니다. 결코 어우러질 수 없을 것만 같은 두 수평선이 만나고 섞이는 이상적인 공간이기 때문입니다.

하지만 이곳 역시 무심의 공간은 될 수 없습니다. 진정한 낙원, 즉 아무것도 없는 무심의 세계란 하늘과 땅이라는 구분도 생각할 수 없는, 경계마저 철저히 사라진 세계를 뜻하기 때문입니다.

꽃은 어디에서나 피어납니다. 아스팔트에서 피어나 먼지를 잔뜩 뒤집어쓴 민들레도, 정돈된 화단에서 피어난 민들레도 모두 아름답습니다. 경계가 사라진 세계를 가지고 있는 사람은 어떤 곳에서든 살아갈 수 있습니다. 그에게는 자신이 속해 있는 무심한 세계가 진정한 해탈의 길이기 때문입니다.

이 책은 부처님과 세상 사람들 사이에 다리가 되고자 하셨던 두 분 스님의 행동과 말씀에서 우러나오는 진정한 삶의 지혜, 그리고 무소유에 담겨있는 행복의 향기를, 아직도 혼탁한 세상을 살아가는 모든 이들과 함께 나누고자 합니다.

끝으로 법정 스님의 사진은 스님이 평소에 자주 다니시던 곳으로, 매년 매실축제로 유명한 광양 청매실농원의 홍쌍리 매실명인과 함께한 사진으로 이 사진을 제공해주신 정유인 부사장님께 감사드리며 원고를 정리해주신 정경주 작가님께도 진심으로 감사드립니다.

김세중

_목차

• 책머리에_ 내 소망은 단순하게 사는 일이다 _6

| 1장 |
무소유의 길

우리는 욕심의 땅에 서 있습니다 _17
'만족'이 복을 가져 옵니다 _22
버려도 되는 이유, 있습니다 _25
'나눔'은 의미의 전달입니다 _33

| 2장 |
인연

소중한 인연을 지켜나가세요 _41
생각보다 더 큰 세상입니다 _46
스침과 만남은 다릅니다 _51
출가! 인연의 깊이를 새기다 _56

| 3장 |
침묵

'아는 말'과 '느끼는 말'이 있습니다 _63
침묵의 시간이 평화를 가져 옵니다 _68
입을 쉬게 하세요 _72
진실은 말하지 않아도 전해집니다 _76

| 4장 |
명상

영감은 생활 속에 숨어있습니다 _83
연꽃의 경지에 이를 수 있을까요 _87
빨리 얻은 것은 빨리 사라집니다 _92
내면을 채우는 수행을 하세요 _96

| 5장 |
마음

열심히 걷다보면, 따뜻한 세상이 보입니다 _105
마음은 마음이 지배합니다 _108
움직임의 힘은 생각입니다 _114
깨달음은 경험을 통해 옵니다 _118

| 6장 |
지혜

즐거운 소리는 널리 퍼집니다 _125
덕을 쌓을 수 있는 문을 열어야 합니다 _130
그릇에 맞는 '정도'를 지켜야 합니다 _134
미움을 참마음으로 재생시키세요 _138

| 7장 |
자유

무게를 줄이면 가벼워집니다 _145
스스로에게 답이 있습니다 _150
역경이 있음은 해탈이 가까이 온 것입니다 _154
부처님의 은혜를 느껴보세요 _158

| 8장 |
사랑

누구를 모셔야 할까요 _165
사랑하는 만큼 놓아 주세요 _170
주는 마음이 평화를 가져옵니다 _174
속 얼굴을 본 적이 있으신지요 _179

| 9장 |

행복

'행복의 통로' 만들고 계신가요 _187
인격의 잔을 준비하세요 _192
'바로 지금'이 가장 소중한 시간입니다 _196
얻는 것은 순간이요, 깨달음은 영원합니다 _200

| 10장 |

무소유의 삶

곳곳에 기쁨이 숨어있습니다 _207
가슴의 온도를 높이세요 _212
고행은 '의미'와 함께 옵니다 _216
모두가 같은 선에 있습니다 _220

|1장|
무소유의 길

우리는 욕심의 땅에 서 있습니다
'만족'이 복을 가져 옵니다
버려도 되는 이유, 있습니다
'나눔'은 의미의 전달입니다

우리는 욕심의 땅에 서 있습니다

탐욕 속에 있어도 탐욕 없으니, 내 생은 이미 편안하여라.
모든 사람 탐심 내는 속에서나 혼자만이라도 탐욕 없이 살아가자.
-법구경

얼마 전 재산문제로 불만을 품은 형이 동생부부에게 독극물을 마시게 한 사건이 있었습니다. 형이 준 독극물을 마신 동생부부는 인근 병원을 거쳐 치료를 받았으나 상태가 나빠 생명이 위독한 것으로 알려졌습니다. 그리고 형은 자신의 죄가 드러날 것이 두려워 음독, 스스로 목숨을 끊었다고 합니다.

사람의 욕심이라는 것이 결국 화를 부른 사건이지요. 욕심이라는 것 참 무섭습니다. 다른 사람보다 조금 덜 가졌다고 당장 어떻게 되는 것도 아닌데, 눈먼 자의 화살은 결국 자신까지 망가뜨리는 결과를 낳은 것입니다.

큰 것이든, 작은 것이든 욕심부터 내는 사람이 있습니다. 굳이 자신에게 필요 없는 것이라 해도 일단 가져야 직성이 풀립니다. 결국에는 다 쓰지 못하고 버리는 한이 있어도 말입니다.

조금만 욕심을 버리거나 양보해도 그 기쁨은 배가 되는 것을 왜 모르고 살까요. 다른 사람에게 받는 기쁨보다 오히려 주는 기쁨이 더 크다는 사실을 우리는 가끔은 잊고 사는 듯합니다.

옛날 동화 중에는 '의좋은 형제' 이야기도 있었습니다.

형은 아우에게 아우는 형에게 서로 볏짚을 옮겨다 놓으며 상대방이 풍족하게 끼니를 채울 수 있다는 생각에 기쁨의 발걸음을 옮겼습니다. 아무리 볏짚을 옮겨 놓아도 자신의 집에 그대로 있는 것을 이상히 여겨 살펴보니 서로가 같은 일을 반복하고 있다는 사실을 알게 되었지요. 그리고 형과 아우는 상대에게 더욱 끈끈한 정을 느끼며 부둥켜안고 울었습니다.

아주 흔하게 전해 내려오는 동화이야기입니다. 그런데 요즘은 사이좋은 형제 이야기는 그리 자주 들려오지 않습니다. 오히려 지나친 욕심으로 생긴 재벌가의 소송 소식을 더 많이 듣게 됩니다. 예전과 지금, 과연 어떤 차이가 있을까요?

옛날에는 먹을 것이 무척 귀했다고 합니다. 하루 종일 굶주린

배를 안고 매 끼니를 걱정해야 했고, 하루 벌어 하루를 살기도 빠듯했습니다. 게다가 자식들도 한둘이 아니었지요. 하지만 그렇게 어려움을 겪으면서도 우리네 부모님은 자식들에게 '콩 한쪽도 나누어 먹어야 한다'는 것을 항상 깨우쳐 주셨습니다. 형은 아우를 챙기고, 아우는 형의 말을 하늘처럼 믿으며 따를 수 있도록 가르치셨습니다.

요즘의 세상은 너무나 풍족한 세상입니다. 물론 아직까지 매 끼니를 걱정하는 사람도 있지만, 사회 전반적으로 보면 물질만능주의와 함께 먹을거리와 입을 옷들은 모두 풍족한 것이 사실입니다. 그런데 오히려 형제간이나 이웃 간에 점점 정이 사라져가는 이유는 무엇일까요.

다른 여러 가지 이유도 있겠지만 자식이 원하기만 하면, 뭐든 할 수 있고 먹을 수 있게 만드는 부모의 탓이 아닌가 싶습니다. 부모들이 자신이 살던 시대에는 없어서 못 하고, 못 배운 만큼 자식에게는 원하는 것을 모두 이루게 하고 싶어 하는 마음의 욕심이겠지요. 그것이 오히려 독이 되는 것을 알지 못하고 말입니다.

삶은 되돌릴 수는 없습니다. 결코 길지 않은 인생에서 후회하지 않도록 형제간의 우애, 친구와의 우정, 부모와의 사랑 등을 제대로 가르치고 그들이 조금만 더 양보할 수 있도록 가르치는 것이 필요합니다. 욕심은 대물림 할수록 더 커지기 마련입니다. 차라리 아무것도 없다면, 조그만 하나를 받았을 때 더 고마움을 느끼지 않을까요. 너무나 풍족한 세상에서 너무나 많이 가지고 살고 있는 '지금 여기'는 오히려 탐욕을 더 자극하고 있는 공간이 아닌가 싶습니다.

'만족'이 복을 가져 옵니다

삼 일 동안 닦은 마음은 천 년의 보배이고,
백 년 동안 탐한 물건은 하루아침에 티끌이 되고 만다.
-초발심자경문

"욕심을 버려라."

얼마큼 버려야 할까요. 아니 얼마큼이 욕심일까요.

성철 스님은 오늘 날의 물질만능주의를 질타하시고, 무소유를 말씀하셨습니다.

법정 스님도 가질 수 있는 만큼만을 가져야 한다며 소박한 삶을 주장하셨습니다.

두 분은 '무조건 버려라'가 아니라 내실이 있는 사람이 되는 것을 말씀하셨습니다. 주어진 것에 만족하고, 현재의 삶에 불만을 가지지 않으며 지나친 욕심으로 넘치게 살지 말라 하셨습니다.

가져도, 가져도 자꾸 욕심이 생기는 것은 어쩔 수 없는 인간이

어서만은 아닌 듯합니다. 눈앞에 보이니 욕심이 생긴다고요? 아닙니다. 만족을 할 줄 모르는 가난한 마음 때문입니다. 마음이 가난하면 평생 부자가 될 수 없습니다.

줄줄이 딸린 아홉 명의 자식을 둔 부부가 살고 있었습니다. 한 명도 키우기 힘들다는 지금 세상에 맞벌이도 아니고 아버지 혼자서 가정을 꾸려나가는 집입니다. 하지만 그들은 늘 웃고 다닙니다.

하루 종일 막노동에 피곤할 남편을 위해 저녁 준비를 하는 아내는 콧노래를 부르고, 지친 몸을 이끌고 온 몸은 땀에 젖었지만 사랑하는 가족들을 만난다는 생각에 남편의 발걸음은 흥겹기만 합니다. 아이들은 저마다 부모님이 힘드실까봐 순서대로 동생들의 숙제를 도와주고, 몸을 씻겨줍니다. 게다가 키워주시느라 고생하시는 부모님을 위해서 요즘에 유행하는 춤과 노래를 연습하며 활짝 웃으실 부모님을 생각합니다.

언뜻 보기에 쪼들리게 살면서 무슨 아이를 저렇게 많이 낳았나 싶을지도 모릅니다. 게다가 하루살이처럼 가난하게 살면서 무엇이 좋아서 저렇게 웃으면서 생활하는지 이해가 가지 않을 수도 있습니다.

하지만 그들의 마음속에 풍족하게 쌓여 있는 가족 구성원 간에 정을 느낄 수 있다면, 왜 그들의 얼굴에 웃음이 만발하는지 알 수 있습니다. 그들은 '만족의 삶'을 살고 있는 것입니다.

남들이 말하는 부자가 부럽지 않다는 이 가정에는 '욕심을 버린 만족의 기쁨'이 뿌리 깊이 자리 잡고 있습니다.

많은 거 싫어하는 사람 없습니다. 하지만 모자란 생활도 결코 나쁜 것만은 아닙니다. 모자람을 하나씩 채워나가는 성취감은 무엇과도 바꿀 수 없는 기쁨입니다. 만족을 채워나가는 삶이 얼마나 가치 있는 것인지는 경험한 사람만이 느낄 수 있습니다.

하루를 어떻게 보내고 계십니까? 혹 즐기는 삶이 아닌 견디는 삶을 살고 있지는 않으신지요. 또한 순간순간을 모면하려 위태위태하게 시간을 보내고 있지는 않으신지요.

누구에게나 삶의 기간은 똑같이 주어집니다. 그 시간을 만족하면서, 가볍게 사는 삶과 불안감에 휩싸여 무겁게 살아가는 삶에 대한 선택은 모두 자기 자신에게 있습니다.

"그는 세상에서 아무것도 가진 것이 없다.
그렇다고 무소유를 걱정하지도 않는다.
그는 모든 사물에 이끌리지 않는다.

그는 아무것에도 머무르지 않고 사랑하거나 미워하지 않는다.

또 슬픔도 인색함도 그를 더럽히지 않는다.

마치 연꽃에 진흙이 묻지 않는 것처럼.

그는 참으로 '평안한 사람'이다."

〈숫타니파타〉

버리는 만큼 채워지는 것이 세상의 이치입니다. 물질을 버렸을 때 정신이 채워진다면 더없이 평화로운 사람이 될 수 있을 것입니다.

버려도 되는 이유, 있습니다

사람들이여, 깨달음의 지혜는 너희들이 본래 가지고 있는 것이다.
다만 마음을 잃어버리고 사는 까닭에 스스로 깨닫지 못하는 것이다.
―육조단경

손에 쥐고 있던 것을 놓아버리는 것, 참으로 어려운 일입니다. 늘 움켜쥐고 있던 것을 갑자기 빈손으로 만드는 것! 참 불안한 일이지요. 어디엔가 남모르게 숨겨두었던 보물이 한 순간에 없어진 기분일 것입니다.

그러나 사람은 기본적으로 필요한 것은 가지고 태어난다고 합니다. 태어날 때부터 두 주먹 불끈 쥐고 세상에 나오는 것처럼 말입니다. 손바닥을 펼치고 태어난 아이는 없습니다.

이것은 조용한 엄마의 배 속에서 처음으로 낯선 세상에 나온 불안감 때문일 수도 있지만, 삶에 대한 강한 의지를 담은 표현일 수도 있을 것입니다. 주먹을 쥐면 무엇이든 잡을 수 있습니다. 하지만 주먹의 크기를 넘어버리면, 바로 내용물이 흘러버리거나 빠져 버립니다. 욕심 내지 않고 기본적으로 태어날 때 가졌던 주먹의 크기만큼만 가지고 있으면, 세상을 사는 데 큰 문제는 없습니다.

내 안의 것을 내려놓으면 당장 모자라는 것 같은 기분!

그것은 말 그대로 기분일 뿐입니다. 손바닥을 펼치고 걸어 다녀도 결국 힘을 빼면 어느 정도 안으로 모이듯이 가진 것을 다 버려도 완전히 없어지지는 않습니다.

세계적으로 무소유를 이야기 할 때 가장 많이 언급되는 인물은 '마하마트 간디'라고 합니다. 간디는 "나는 가난한 탁발승이오. 내가 가진 것이라고는 물레와 교도소에서 쓰던 밥그릇과 염소젖 한 깡통, 허름한 담요 여섯 장, 수건, 그리고 대단치도 않은 평판, 이것뿐이오"라고 말했다고 합니다.

보잘 것 없는 기본적인 생필품과 대단치도 않은 평판, 어릴 적부터 체구가 작고 겁이 많았다던 그. 하지만 그는 어느 누구보다도 존경 받는 인물이었고, 오히려 그 기본적인 것에 만족하고 욕심내지 않은 점이 더욱 사람들을 끌어당겼습니다.

욕심내지 않고 자기 것에 만족하거나, 이미 가지고 있는 것을 버릴 수 있다는 것은 용기입니다. 용기는 강한 자만이 가질 수 있는 무기이기도 하지요. 버려도 자신 있게 웃을 수 있는 사람이 진정한 강자입니다. 강자는 이 세상에 완전하게 바닥까지 없어지는 것은 불가능하다는 것을 아는 사람입니다.

부처님도 생사를 벗어나고자 발심한 출가 수행자에게 옷 세 벌과 발우, 그리고 바랑 정도는 기본적으로 허락하셨다고 합니다. 완전히 아무 것도 없이 그저 세상을 달관하고, 웃기만을 바라지는 않으셨습니다.

하지만 자기를 넘어선 욕심을 내는 것은 금기시 하셨다고 합니다. 불교에서 소식을 하는 것도 이러한 이유일 것입니다. 현재까지도 하루 한 끼 밖에 식사를 하지 않는 스님들도 많다고 합니다. 기본적인 허기만을 채우고 대신 마음의 깨우침을 안에서 채우는 것이지요.

"가지 못하게 막는 사람이 없는데도 극락에 가는 사람이 적은 것은 탐욕과 성냄, 어리석음을 자기의 보물로 여겼기 때문이다.
또 유인하지도 않았는데 악도에 떨어지는 자가 많은 것은 이 육신과 갖가지 욕심으로 마음의 보배를 삼았기 때문이다."

〈발심수행장〉

지금 가장 소중하다고 생각하는 것은 무엇입니까?

소중하다고 생각하는 것을 영원히 지키고 싶다면, 잠시라도 놓아두십시오. 그리고 가만히 바라보십시오. 그것이 진정한 나의 것인지, 내가 지킬 수 있는 것인지, 나의 욕심인지를 객관적인 눈으로 살펴본다면, 욕심의 그늘에서 벗어나 소중한 것을 끝까지 간직할 수 있는 용기가 생길 것입니다. 버려도 되는 이유는 바로 이것입니다.

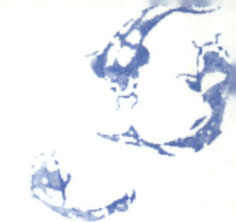

'나눔'은 의미의 전달입니다

> 너 자신을 등불 삼고 너 자신을 의지하라.
> 진리를 등불 삼고 진리를 의지하라.
> 이밖에 다른 것에 의지해서는 안 되느니라.
> —아함경

거리를 걸어가는 사람들을 보면 대부분 서로의 뒷모습만을 보며 각자의 길을 갑니다. 마주 보고 오는 사람이 있어도 선뜻 눈을 마주치지 않고 슬쩍 비켜 지나가기도 합니다. 주거지의 경우도 마찬가지입니다. 일반 주택은 물론이고 아파트에 사는 경우도, 앞집이나 옆집에 누가 사는지 잘 모르고 지냅니다. 어쩌다 함께 엘리베이터를 타게 되어 눈이 마주쳐도 각자 시선을 피하며, 다른 곳을 보기 일쑤입니다.

예전에는 이사를 오게 되면 아무리 없이 살아도 그 날 만큼은 떡을 잔뜩 해서 주변 이웃에게 직접 갖다 주며 인사를 하곤 했습니다.

"어느 집에 이사 온 누구라고 합니다. 잘 부탁드립니다."

그러면 떡을 받아 든 이웃도 이렇게 대답합니다.

"아! 그러세요? 고맙게 잘 먹겠습니다. 종종 놀러오세요."

이것이 인정이고, 사람의 도리라고 여기고 살았습니다.

떡 하나로 시작되는 인사는 고스란히 인연으로 굳어져 가족보다 왕래가 더 잦아질 때도 있습니다. 좋은 일이든 나쁜 일이든 서로를 찾으며 위로와 축하를 전하기도 하지요. 그리고 그것이 '사람 사는 맛'이라 하여 함께 나누는 삶을 만끽하며 살았습니다.

그런데 요즘엔 핵가족이 널리 퍼지면서 개인적인 성향이 보편화되어, 다른 사람과의 교류 자체를 꺼리는 사람들이 많아졌습니다. 이웃 간의 나눔이 점점 사라지고 있는 것입니다.

그리고 어쩌다 '나눔'이라는 말이 나오면 꼭 고아원이나 경로당에서 봉사하는 것만을 의미하는 것으로 생각하기 쉽습니다. 물론 도움이 필요한 사람에게 따뜻한 손을 빌려주거나 경제적으로 힘이 되어주는 것도 참 의미 있는 일입니다. 하지만 가장 가까운 이웃과의 정을 나누지 못하는 사람이라면 과연 누구에게 어떤 마음을 나누어 줄 수 있을까요.

나눔은 물질적인 것을 나누는 것일 수도 있지만 전해지는 마음이 함께 있어야만 진정한 나눔입니다. 단순히 물질적인 것만을 나눈다고 한다면, 상대방에게 그저 '내가 당신보다 나으니 주는 것'이라는 오해를 받기 쉽습니다.

나눔은 꼭 풍족함 속에서 나오는 것만은 아닙니다. 부족하그 겉으로 보기에 형편없는 것이라 해도, 내 마음이 올바르고 진정으로 이웃을 생각하는 마음이 있다면 가능한 일인 것이지요.

누추한 옷을 입고, 거리를 헤매면서도 온화한 마음으로 이웃에게 부처님 말씀을 전하고 깨달음을 채워나가면 진정한 나눔의 삶이 이루어지는 것처럼 말입니다.

성철 스님의 잠언록에는 "사람이란 물질에 탐닉하면 양심이 흐려집니다. 그렇기 때문에 어느 종교든지, 물질보다 정신을 높이 여깁니다. 부처님의 경우를 보더라도 호사스런 왕궁을 버리고 다 헤진 옷에 맨발로 바리때 하나 들고 여기저기 빌어먹으면서 수도하고 교화했습니다. 그리고 마지막에는 그 교화의 길에서 돌아가셨습니다. 철저한 무소유의 삶에서 때묻지 않은 정신이 살아난 것입니다."라는 말씀이 있습니다.

기독교에서의 전도나, 불교의 교화 등도 작게 보면 신앙의 나눔이요, 이웃과의 가장 큰 나눔입니다. 성철 스님께서 말씀하신 것처럼 이러한 나눔이 물질 중심이 되어 일어난다면 종교적인 양심은 사라져버리고, 타락의 길로 들어서기 쉽습니다.

어느 종교든지 그 정신적인 면에 중심을 두고, 이웃에게 좋은 의미를 전해준다면, 올바른 나눔으로 철저한 무소유의 정신을 실천한 것이라 할 수 있습니다.

| 2장 |

인연

소중한 인연을 지켜나가세요
생각보다 더 큰 세상입니다
스침과 만남은 다릅니다
출가! 인연의 깊이를 새기다

소중한 인연을 지켜나가세요

걸림 없이 살 줄 알라

유리하다고 교만하지 말고 불리하다고 비굴하지 말라. 무엇을 들었다고 쉽게 행동하지 말고 그것이 사실인지 깊이 생각하여 이치가 명확할 때 과감히 행동하라. 벙어리처럼 침묵하고 임금처럼 말하며 눈처럼 냉정하고 불처럼 뜨거워라. 태산 같은 자부심을 갖고 누운 풀처럼 자기를 낮추어라. 역경을 참아내고 형편이 잘 풀린 때를 조심하라. 재물을 오물처럼 볼 줄 알고 터지는 분노를 잘 다스려라. 때로는 마음껏 풍류를 즐기고 사슴처럼 두려워 할 줄 알고 호랑이처럼 무섭고 사나워라. 이것이 지혜로운 이의 삶이리라.
–잡보장경

현대인은 여러 가지 스트레스에 노출되어 있다고 합니다. 스트레스가 심하면 위궤양, 고혈압, 심장병까지 일으킬 수 있다고도 합니다. 물론 똑같은 사건사고가 났을 때 반응하는 사람의 스트레스 정도는 각기 다릅니다. 어떤 사람은 사건 자체에 심한 충격을 받아, 오랫동안 헤어 나오지 못하고, 또 어떤 사람은 툭툭 털고 일어나 앞으로 어떻게 대처해야할지를 생각합니다.

이 차이는 각자의 성격차이도 있지만 경험이라고 볼 수도 있습니다. 많이 부딪쳐 본 사람은 상처를 치료하는 방법을 알 수 있으니까요. 우리의 상처…… 어디에서 가장 많이 받을까요?

돈, 명예, 나 자신…… 원인에는 여러 가지가 있을 것입니다.

하지만 무엇보다도 사회적 동물인 인간으로 태어난 이상, 상처를 가장 많이 받게 되는 것은 사람에 의해서 일 것입니다.

사람으로 인해, 힘들 때 위안을 얻고 같이 배우며 따뜻함을 느끼기도 하지만, 뜻하지 않은 갈등에 부딪치는 경우가 많습니다. 때로는 '배신'이라는 것에 빠져 크나큰 절망에 빠지기도 하지요.

이럴 때는 심각한 갈등을 느끼고 고뇌에 빠지며, 어디로 가야 할 것인지를 고민하게 됩니다. 특히 나 혼자만 생각하고 끝낼 수 있는 일이 아니라 거미줄처럼 관계가 얽혀져 있을 경우에는 더없이 갈피를 잡지 못하고, 그 끈이 엉켜버림을 알 수 있습니다.

그리고 엉켜버린 끈을 미련 없이 잘라버리는 죄를 지을 때도 있습니다. 그러나 사람의 일이란 끈을 잘라버린다고 해서 끝나는 일이 아니라서 힘듭니다. 또다시 새로운 만남이 이어지고, 다른 끈을 만들면서 살아가지요. 그러나 또 다른 끈도 사람과의 관계에 있어 그 근본적인 해답을 얻지 못한다면, 다시 엉킬 수밖에 없습니다.

이렇듯 사람과의 '만남'이라는 것은 즐겁고 좋은 일이지만, 그 인연을 하찮게 여기고 함부로 여긴다면 오히려 독이 될 수 있습니다. 우리가 맺고 있는 인연의 끈 부모, 형제, 친구…… 더 나아가 사회라는 큰 테두리 안에서 이뤄지는 이 소중한 끈을 어떻게 지켜나갈 수 있을까요.

사람과의 갈등을 해결하는 데 가장 필요한 것은 '대화'라고 알려져 있습니다. 마음이 오가는 진솔한 대화를 통해서 서로 성숙해지며, 상대방을 이해할 수 있게 됩니다. 대화를 통해서 얻을 수 있는 가장 큰 소득은 바로 '지혜'라고 볼 수 있지요.

지혜는 무조건 상대방의 생각을 다 받들며, 자신을 낮추는 것만을 의미하는 것이 아닙니다. 자신의 의견을 충분히 전달하고 상대방의 생각을 들어봄으로써 서로 간 소통의 문을 여는 것입니다. 그리고 대화의 중심점에서 새로운 방향을 알 수 있게 되며 그에 따라 자신의 처신을 판단할 수 있게 됩니다.

하지만 서투른 대화법은 불화의 씨앗이 되기도 합니다. 때로는 분노를 느끼며 냉정을 잃기 쉽습니다. 막말이 오가기도 하며, 상대방을 무시하기도 합니다. 마음은 그렇지 않은데 빗나간 화살처럼, 허공을 향해 서로의 생각을 쏟아내는 것입니다. 분노가 말에 섞여 대화가 아닌 혼잣말을 하는 것이지요.

불교에서는 분노를 다스릴 줄 알고 처한 상황에 의연하게 대처하는 사람을 해탈의 경지에 이르렀다고 합니다. 사람과의 갈등구

조를 생각하기 이전에 대면하는 그 사람과의 인연에 대해 얘기합니다. 우리가 만나는 한 사람 한사람이 얼마나 귀한 만남인지를 깨닫는다면 불화의 씨를 만들기 이전에 자신을 다스릴 줄 아는 사람이 될 수 있습니다.

법정 스님은 하찮은 것을 최상의 것으로 만들기가 가장 어렵다고 말씀하셨습니다. 그러기에 항상 생각을 먼저하고 행동을 나중에 하는 것을 강조하셨습니다. 언제나 마음을 진정시키고 다스릴 줄 아는 사람이 되기를 바라셨습니다.

이 말씀을 실천한다면 소중한 인연은 더욱 단단해질 것입니다. 당장은 화가 날 수도 있지만, 더 멀고 깊이 생각하면 그리 먼 길은 아닐 것입니다.

법정 스님은 "내가 만나는 모든 사람들이 내가 그들을 아주 중요하게 생각한다는 사실을 믿게 하는 것"이 사람과의 갈등을 없애버릴 수 있는 길이라고 여기셨습니다.

누군가에게 존중받는다는 것은 기쁜 일입니다. 상대방에게 이 기쁨을 느끼게 함으로써 스스로도 귀한 사람이 될 수 있습니다. 서로가 서로에게 존중받은 인연을 만들어 나간다면 우리의 삶 또한 풍족해질 것입니다.

생각보다 더 큰 세상입니다

유정이 윤회하여 육도에 태어나는 것이 대개 수레바퀴처럼 끝과 시작이 없어서
혹은 부모도 되고, 아들딸도 되어 세세생생 나고 나는데 서로에게 은혜가 있다.
―대승본생심지관경

"다음 생에는 무엇으로 태어나고 싶습니까?"라고 묻는다면, 어떤 대답이 나올까요. 평소에 생각하고 있지 않았다면, 선뜻 대답이 나오지 않을 것입니다. 심지어는 다시 태어날 수 있을지 조차도 짐작하지 못할 것이고요.

어떤 일이나 상황이 좋지 않을 때 '전생에 빚이 많아 현생에 고생을 하는 것이다'고 말을 많이 하지요. 불교의 윤회사상에 기인한 말입니다. 윤회사상은 원인에 관계한 연(인연)이 순환하여 한없이 돈다는 사상을 말합니다. 즉, 생에는 전생, 현생, 후생이 있는데 전생은 이전의 생을 말함이요, 현생은 현재 살고 있는 생, 그리고 후생은 다음 생을 일컫는 것입니다.

〈밀린다왕문경〉에는 이 윤회사상에 대해 쉽게 설명되어 있습니다.

"윤회는 무엇을 말하는 것입니까?"
"이 세상에 태어난 자는 이 세상에서 죽고, 이 세상에서 죽은 자는 저 세상에서 태어나며, 저 세상에서 태어난 자는 저 세상에서 죽고, 저 세상에서 죽은 자는 다시 딴 곳에서 태어납니다. 윤회가 뜻하는 것은 이런 것입니다."
"비유를 들어 설명하여 주십시오."
"어떤 사람이 잘 익은 망고를 먹고 씨를 땅에 심었다고 합시다. 그 씨로부터 망고나무가 자라서 열매를 맺을 것입니다. 다시 그 나무에 열린 망고를 따먹고 씨를 땅에 심으면, 다시 나무로 자라고 열매를 맺을 것입니다. 이와 같이 망고나무는 끝없이 이어갈 것이며, 윤회도 이와 같은 것입니다."

이처럼 무심코 지나다니며 보는 나무, 돌, 풀벌레, 들풀 하나까지도 우주만물이 돌아가듯이 전생에는 어떤 생이었을지 알 수 없는 일입니다. 전생에 덕을 많이 쌓아야 '사람'으로 태어난다는 말도 있습니다. 물론 '사람'이라는 것이 다른 생물보다 우월하다는 의미는 아닙니다. 다만 뭔가를 할 수 있는 기회가 많다는 것은 사실입니다.

그런데 가장 혜택 받았다고 하는 이 사람으로서 해서는 안 될 짓을 하는 경우도 많이 볼 수 있습니다. 최근엔 대문 밖에 나서기가 두려울 정도로 많은 범죄가 일어나고 있습니다. 소위 '묻지마 범죄'부터 아동 학대, 연쇄 살인 등 사람으로서 할 수 없는 일들이 버젓이 눈앞에서 일어나고 있습니다.

게다가 범인들이 사건 현장을 검증하는 자리에서도 무표정으로 자연스레 저질렀던 일을 재현하는 것을 보며 다시 한 번 놀라움을 감출 수 없습니다. 범죄자의 대부분은 "세상이 미웠다", "그냥 했다" 등 상식적으로는 납득이 가지 않는 이유를 대기도 합니다.

자신이 저지른 잘못은 보지 반성하지 않고 상황이나 주변을 원망하는 것에 화가 나기도 하지만, 돌려보면 우리도 범죄에 원인을 제공해줬다는 생각이 들기도 합니다.

법정 스님은 세상과 타협하는 일보다 더 경계해야 할 일은 자기 자신과 타협하는 일이라고 하셨습니다. 따라서 스스로 자신의 매서운 스승 노릇을 하며, 일상에서 일어날 수 있는 세세한 일들도 스스로에게 되물으며, 신중함을 가지기를 원하셨습니다.

주변을 살펴보아 소외된 사람들이 없는지 생각하고, 사회의 범죄가 더 이상 늘어나지 않도록 따뜻함을 널리 퍼뜨려야 할 것입니다.

이 세상의 인연은 그냥 오는 것이 아니라 다 이유가 있습니다. 항상 윤회사상을 마음에 간직하고 생활한다면 더 좋은 연을 이룰 수 있을 것입니다.

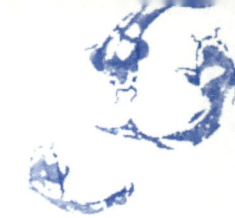

스침과 만남은 다릅니다

> 가만히 주위를 둘러보라.
> 눈길을 옮기고 귀를 기울이는 모든 것에서 우리는
> 수많은 인연들을 만나게 된다. 선연도 만나고 악연도 만난다.
> 하지만 그 많고 많은 인연들 중에는 절대적인 선연도 절대적인 악연도 없다.
> 절대적인 불행도 절대적인 행복도 없다.
> 왜냐하면 인과 연이 잠시 합하여 모습을 나타내었기 때문이다.
> —연업중생

'옷깃만 스쳐도 인연……' 인연에 대해 가장 잘 알려진 말입니다. 하지만 정작 길거리에서 낯선 사람과 슬쩍 부딪치기만 해도 서로의 얼굴은 금세 일그러져 버립니다.

"죄송합니다. 제가 부주의한 탓입니다."

라고 말하는 사람도 드문 일입니다. 그런데 스치는 사람이 이미 아는 사람이거나, 그 잠시의 사건으로 관계가 지속된다면 전혀 거부감 없이 이렇게 말을 하곤 합니다.

"스치는 인연으로 끝나지 않아서 정말 다행입니다."라고 말입니다.

우리가 간과하고 있는 것은 이 '스치는 인연'이라는 것을 말 그대로 그냥 흘려보내고 있다는 것입니다. 억 만분의 일이라는 가능성을 인정하면서도 그저 동시간대를 지나가는, 자신과는 상관없는 낯선 사람일 뿐이라고 생각합니다.

그러면서도 관계가 이어지면 적대감이나 무관심은 사라지고, 어느새 서로에 대해 더없이 관대해지며, 절로 배려하는 마음이 생깁니다. 그리고 상대방을 위해 무언가를 해주고 싶어 합니다.

자신과 맞지 않는다거나, 상관없다고 생각했던 사람이 가장 소중한 사람으로 남을 때도 있습니다. 이렇게 전혀 어울리지 않을 것 같은 사람들의 만남이 주변의 사람에게는 그저 신기하게만 느껴질 때도 있습니다.

김수환 추기경님과 법정 스님의 만남도 그랬습니다. 법정 스님은 길상사 개원 법회에 추기경님을 모셨고, 추기경님은 명동성당에 스님을 모셔 강연을 들으셨습니다. 이분들의 만남은 일반인들뿐만 아니라 그분들을 신봉하는 신앙인들조차 종교계를 뛰어 넘은 일이라 여기며 의아함 보다는 오히려 경의를 표했습니다.

이분들의 만남은 우연이 아닙니다. 인연을 그냥 스치는 것에 머물지 않고, 만남으로 만든 경우입니다. 만남이 특별해졌을 때는 에너지가 생깁니다. 관계의 에너지가 커질수록 '너와 나'가 아닌 '우리'라는 개념이 더 큰 그릇으로 만들어집니다. 법정 스님과 김수환 추기경의 만남은 불교와 천주교의 새로운 화합의 장을 마련하는 큰 에너지 역할을 한 것이며 나아가 존중에서 태어난 새로운 개념으로 자리매김하였습니다.

그분들이 서로의 종교만을 생각하며 상대방을 배려하지 않았다면 결코 이어지지 않을 인연이었습니다.

생각지도 않았던 인연!

고개를 돌려보면 늘 함께하고 있습니다. 처음부터 너무 쉽게 판단하여 '저 사람과 나는 맞지 않아'라고 생각한다면 마음의 문은 이미 닫혀버린 것입니다. 닫혀있는 성에는 누구도 들어갈 수 없습니다. 성 안에 그저 먼지만 쌓일 뿐입니다.

문을 활짝 열어 놓는다고 손해 보는 일은 없습니다. 오히려 바람이 문을 통해 왕래하고, 살아있는 생명력이 피어나 소통의 꽃으로 피어날 수 있습니다.

전혀 어울릴 것 같지 않은 상대방과의 인연!

당장 느끼지 못한다 해도 온몸으로 거부하지는 말아야 할 것입니다. 언젠가는 어울리지 않는 인연과 그냥 스치는 인연이 가장 소중한 만남이 될 수 있음을 알 수 있습니다.

출가! 인연의 깊이를 새기다

삼계에 있는 것은 모두 나의 것이고
그 속에 있는 중생 모두가 아들일세.
미래세 다하도록 삼계는 괴롭나니
내가 아니면 누가 그들을 구제하리.
―법화경

불가의 〈법구경〉에는 '자식 많이 둔 늙은 어머니의 출가 사연'이 나옵니다. 사연인즉슨, 열네 명의 자식을 둔 부유한 부부가 있었다고 합니다. 남편이 세상을 떠나고 아내가 재산을 관리하며 지냈었는데, 어느 날 자식들이 재산을 나누어 달라고 졸라 할 수 없이 골고루 재산을 나누어 주었다고 합니다. 그런데 빈털터리가 된 어머니는 아들딸 돌아가며 다 찾아다녀도, 존경은 커녕 푸대접을 받기 일쑤였답니다.

결국 어머니는 마음에 큰 상처를 입고 출가하여 비구니가 되었답니다. 그녀는 너무 많은 나이에 비구니가 되었기 때문에 자신의 수행 정진에 몰두해야겠다고 단단히 마음먹고, 밤을 꼬박 새워 가면서 부처님 수행법을 실천했답니다.

어느 날 부처님께서 그녀가 밤을 새며 정진하는 것을 신통력으로 보시고 광명을 놓으시어 마치 그녀 앞에 앉아 계신 듯이 모습을 나타내시고 이렇게 설법하셨다고 합니다.

"설사 백 년을 산다 해도 여래의 가르침을 의지하여
수행하지 않는 사람의 삶은 아무런 의미가 없느니라."
그리고 부처님은 이렇게 게송을 읊으셨다고 합니다.

"성스러운 부처님의 가르침을 모르고
백 년을 사는 것보다는
단 하루라도 부처님의 위없는 성스러운 가르침을
알고 사는 것이 훨씬 낫다."

나이가 많음에도 불구하고 열심히 정진하는 모습을 보고 부처님이 감동하시어 그녀의 신통함을 칭찬하신 것입니다. 사연을 곰곰이 생각해보니 자식들에게 재산을 모두 나누어 주고 푸대접을 받게 된 것도, 출가하여 부처님 곁으로 가게 된 것도 우연은 아닐 것 같습니다.

부처님 품 안에서 안정을 느끼며 남은 생을 몰두하겠다는 그녀의 결심도 모두 하나의 연결된 인연이라고 느껴집니다. 아무리 붙잡으려 해도 끊어지는 것이 있는 반면, 외면하고 도망가도 결국엔 돌아와 연결되는 연이 있는 것 같습니다.

불가에 몸담고 있는 스님들은 저마다의 사연이 있다고 합니다. 다른 종교에 비해 유독 사연에 집중되는 이유는 불교의 정신이 생활 속에 늘 깔려있기 때문이 아닐까요. 어떤 이들은 현실도피성에 의해서 출가를 했다고 생각하는 사람도 있습니다. 때로 삶이 힘들어 세상을 등지고, 상황에서 벗어나고 싶은 충동적인 욕구로 '절에 들어가 스님이 되고 싶다'고 말하는 사람처럼 말입니다.

하지만 불가에 몸담는 일은 쉬운 것이 아닙니다. 어찌 보면 부처님의 선택이라고도 할 수 있습니다. 스님이 되는 것도, 열반에 드는 것도 모두가 부처님과의 연이 닿아야만 할 수 있는 일입니다. 세속의 모든 인연을 끊고 부처님과 연을 맺는 것은 끝없는 자신과의 싸움에서 얻을 수 있는 것이기 때문입니다.

"하늘에 넘치는 큰 일들은,
붉은 화롯불에 한 점의 눈송이요
바다를 덮는 큰 기틀이라도,
그 누가 잠깐의 꿈 속 세상에,

꿈을 꾸며 살다가 죽어가랴
만고의 진리를 향해 모든 것 다 버리고
초연히 내 홀로 걸어가노라."

성철 스님이 1935년, 24세에 입산 출가를 결심하고 가야산 해인사로 떠나면서 읊은 출가시라고 합니다.

성철 스님처럼 만고의 진리를 향해 모든 것을 버리는 일은 제 살을 깎는 고통이 있을 것입니다. 특히 가족과의 연을 끊는 것은 참으로 크나큰 괴로움이겠지요.
하지만 더 큰 인연을 따라, 뜻을 펼치기 위해서 철저하게 혼자 싸우는 시간을 극복한다면, 성철 스님처럼 해탈의 경지에 이를 수 있을 것입니다.

| 3장 |

침묵

'아는 말'과 '느끼는 말'이 있습니다
침묵의 시간이 평화를 가져 옵니다
입을 쉬게 하세요
진실은 말하지 않아도 전해집니다

'아는 말'과 '느끼는 말'이 있습니다

말을 많이 한다고 해서 슬기로운 사람은 아니다.
육신을 억제하고 말을 삼가고 마음을 억제한다.
-법구경

사람과 사람의 관계에 있어서 의사소통은 매우 중요합니다. '말'이라는 것을 통해 상대방과의 소통을 원활하게 할 수 있지요. 그런데 어느 순간부터 이 말이라는 것이 소음으로 들릴 때가 있습니다. 딱히 필요치 않은 말들이 많아지고, 저마다 자기주장이 앞선 가운데 목소리를 높이기 때문입니다.

어떤 경우엔 수면시간을 제외한 시간 동안 하루 종일 말을 주고받을 때도 있습니다. '침묵'이라는 단어가 잠자는 시간에 묻어가는 것처럼 말입니다.

말이 없는 시간을 유난히 어색해 하고 힘들어 하는 사람이 있습니다. 이 사람은 상대방이 말을 하지 않으면, 어떻게 해서든 어색한 시간을 견디지 못하고 쓸데없는 말을 부지런히 쏟아냅니다. 또 상대방이 뭔가를 얘기하면 생각하기 이전에 열심히 조언을 늘어놓습니다.

우리가 살아가는 현대인의 모습입니다. 침묵이 힘든 사람들이 모인 사회...... 말을 하지 않으면 아무도 모른다는 생각으로 살고 있지요. 진정한 친구는 침묵이 통하는 사이입니다. 굳이 말하지 않아도, 서로의 감정 상태를 느낄 수 있습니다.

슬픔에 잠긴 친구가 있다면 눈과 마음으로 생각하고, 그 친구가 마음을 정리해서 말할 수 있을 때까지 조용히 옆에 있어줍니다. 끝내 이유를 얘기해주지 않아도 그저 옆에 있어줍니다. 그리고 자연스럽게 친구의 마음을 나눠 갖습니다.

힘들 때 우리가 진정으로 원하는 것은 무엇일까요? 같이 맞장구쳐주고, 위로의 말을 전하는 방법도 있을 것입니다. 하지만 깊은 슬픔에 빠져있을 때는 아무런 말도 할 수 없습니다. 눈물도 나오지 않는 것처럼 말입니다. 이럴 때 옆에서 말을 많이 하면 더 혼란스럽기만 하고, 이내 그 자리에서 벗어나고 싶어집니다.

바로 침묵이 필요한 시간입니다. 말을 많이 하는 사람은 생각의 시간이 짧을 수밖에 없습니다. 마음과 머리보다 입이 먼저 나가는 경우겠지요. 걸러지지 않는 말로 실수 하지 않는 사람은 없습니다. 그 실수가 상대방에게든 자신에게든 상처를 주기 마련입니다.

　법정 스님은 침묵의 의미만으로도 많은 말씀을 남기셨습니다. '무언의 힘'을 직접 보여주신 분입니다. 눈이 어두운 사람이 소리에 말을 담듯이, 말을 아끼다 보면 생각만으로도 의사 전달을 할 수 있습니다. 세상이 시끄러운 것은 어찌 보면 말이 많아서일 것입니다. 물론 꼭 필요한 말은 해야 하는 것이 옳습니다.

　법정 스님은 침묵이라는 것은 쓸데없는 말을 하지 않는 대신 당당하고 참된 말을 하기 위해서이지, 비겁한 침묵을 고수하기 위해서가 아니라고 하셨습니다. 여기서 비겁한 침묵의 의미는 옳고 그름을 가려 보여야 할 입장에 있는 사람들의 침묵을 말합니다.

　따라서 어디에도 거리낄 게 없는 사람만이 당당한 말을 할 수 있다고 하셨습니다. '당당한 말이 흩어진 인간을 결합하고 밝은 통로를 뚫을 수 있다'고. 수도자가 침묵을 익히는 그 의미도 바로 여기에 있음을 강조하셨습니다.

　'언어의 극치'는 말보다도 침묵에 있지만 사람인 이상 할 말은 해야 한다고 하셨습니다.

　이것은 '아는 말'과 '느끼는 말'의 차이라 보면 이해가 될 것입니다. '아는 말'은 굳이 하지 않아도 상대방이 이미 알고 있는 말이요, '느끼는 말'은 상대방이 느낄 수 있도록 하는 전달의 형태라 볼 수 있습니다. 물론 말하지 않고 느낌만으로 소통이 된다면 더없이 좋은 경우일 것입니다.

침묵의 시간이 평화를 가져 옵니다

위험에서 자신을 보호하듯이 두려움에 떨고 있는 다른 사람을 보호하고
남이 나를 향해 불같은 성질을 내더라도 돌이켜서 스스로 침묵을 지켜라.
이러한 이치를 잘 지키면 스스로 이롭고 남에게도 이롭다.
―잡아함경

어떤 한 가지에 깊이 빠져 생각에 빠져들었던 적이 있을 것입니다. 생각에 집중하면 다른 아무 소리도 들리지 않습니다. 주변의 모든 것들이 움직여도, 집중하여 생각하는 시간에는 보이지 않습니다. 따라서 집중할 때의 눈은 현실에 있지 않고, 현실을 넘어서 한 단계 올라서게 됩니다.

집중력은 사람에 따라 차이가 있다고 합니다. 성격에 따라 산만한 사람은 집중력이 약하고, 한 가지 일에 무게를 두고 오래 몰두할 수 있는 사람은 집중력이 강하다고 볼 수 있습니다. 최근에는 사람에 따라 집중할 수 있는 시간대가 다르다는 말도 있습니다.

미국의 저널리스트가 쓴 〈집중력의 탄생〉에서 보면, 1890년

심리학자이자 철학자인 윌리엄 제임스는 '집중력'에 대해 이렇게 말했다고 합니다.

"집중력이란 동시에 존재할 수 있는 여러 사물이나, 꼬리에 꼬리를 무는 생각 중 어느 한 가지를 분명하고 생생하게 마음에 담는 것을 말한다. 이는 어떤 일을 효과적으로 하기 위해 그 외의 잡다한 일들은 그만둔다는 의미다. 이때에는 뇌가 혼란스럽고 멍하고 산만한 것과는 정반대 상태가 된다."

이처럼 집중의 시간에는 고도의 정신력이 발휘되어, 깊은 침묵 속으로 들어가게 됩니다. 집중의 시간에 말을 한다는 것은 무척 어려운 일입니다. 생각에 빠진 사람이 다른 사람과 대화를 할 수 없듯이, 이 깊은 침묵의 시간에는 철저하게 혼자만의 세계로 빠져들게 됩니다.

침묵의 시간은 종교적인 면에 섰을 때 더욱 그 빛을 발휘합니다. 신 앞에 두 손을 모으고 경건하게 존경의 표시를 하는 시간에도, 마음을 다해 소원을 비는 시간에도, 침묵을 통해 집중을 하게 됩니다.

특히 불교의 경우 절 앞에 들어서자마자, 말 그대로 정적이 흐름을 느낄 수 있습니다. 함부로 웃거나 떠들 수 없는 위엄함을 본능적으로 알 수 있습니다. 절에는 부처님 말씀에 귀 기울여 항상 수행에 전념하는 침묵의 시간이 존재하기 때문입니다. 불교 수행자인 경우 처음부터 꼭 필요한 말 이외에 사소한 말을 하지 않을 것을 지도 받습니다.

성철 스님의 수좌 5계(선방 스님들의 다섯 가지 계율) 중에는 '벙어리같이 지내며 잡담하지 말라'는 말이 있습니다.

"말은 수행상의 큰 장애이니, 5분 동안의 이야기는 하루 동안 마음 집중한 공을 깨뜨린다. 무엇이든 읽지도 외우지도 회상하지도 말라. 모두가 장애가 된다. 입만 열면 공부가 끊기는 때니라. 이는 두 가지 태도가 있으니 법에 대해 이야기 하거나, 거룩한 침묵을 지키는 것이다."

수행 중 부처님 말씀 이외의 것에 대한 다른 말은 일체 필요치 않음을 강조하신 말씀입니다. 묵언을 통해 본래의 맑고 평화로운 마음의 상태를 일깨우는 과정일 것입니다. 이렇게 말을 아끼고 침묵을 다스릴 줄 아는 사람은 절대 사소한 일에 흥분하거나 화를 내지 않습니다. 참는 법을 이미 터득하였기 때문입니다.

'참을 인 세 번이면 살인도 면한다.'는 말이 있습니다. 다른 사람이 아무리 화를 내거나, 이치에 맞지 않는 말로 신경을 건드려도 침묵을 통해 화를 참는다면 스스로는 물론 상대방에게도 더 큰 상처를 주지 않게 됩니다.

 '말'이라는 것은 쉽게 하기 시작하면 한없이 쉬운 것입니다. 하지만 쉽게 나온 말은 쉽게 마찰을 일으키게 됩니다. 생각에 생각을 거듭한 끝에 침묵의 시간을 거친 말만이 모두에게 평화를 가져올 것임을 잊지 말아야 할 것입니다.

입을 쉬게 하세요

너희는 모여 앉으면 마땅히 두 가지 일을 행해야 한다.
하나는 설법하는 일이고 또 하나는 침묵을 지키는 일이다.
―중아함 라마경

얼마 전 인기 오락프로에서 진행하는 자유여행의 한 방법으로 출연자들이 '템플스테이 프로그램'에 참여하는 장면이 나온 적이 있습니다. 출연자들은 하루 동안 절에 묵으며, 불교의 바탕인 침묵을 경험하게 됩니다. 물론 예능 프로이다 보니, 웃음과 수다가 있기도 했지만 출연자를 엄숙하게 만드는 장면이 있기도 했습니다.

특히 아침에 수행하는 스님들의 식사법인 '발우공양'을 체험하는 장면이 인상 깊었습니다. 수행자의 자세로 불필요한 것을 갖지 않는다는 법정 스님의 '무소유 불교정신'을 가장 잘 표현하고 실천할 수 있는 체험이 되었을 것입니다.

체험 중 큰스님께서 밥을 덜어주자, 출연자들은 적은 양에 한

없이 놀라움을 감추지 못했습니다. 실제로 스님들은 소식을 위주로 식사를 하고 있습니다. 하지만 기본적으로 음식들은 절대 남기지 않는다는 전제 하에 자신이 먹을 만큼만 덜어 먹게끔 되어 있다고 합니다.

이 때 특히 중요한 것은 이 모든 과정들이 침묵 속에서 이루어진다는 것입니다. 식사가 시작되면 조용한 공간을 지키는 침묵의 본질을 보여주듯, 음식을 씹는 모습을 보이거나 소리가 들리지 않도록 밥그릇을 높이 끌어올려 얼굴을 가리고 식사를 합니다.

그리고 음식 하나하나에 자연이 준 고마움에 감사의 뜻을 전하면서, 식사를 마무리지어 갑니다. 마지막 과정은 물과 단무지를 이용하여 밥그릇에서부터 시계방향으로 국그릇까지 그릇을 헹구는 것입니다. 깨끗이 헹군 그릇의 단무지는 씹어 먹고 헹군 물을 숭늉과 같이 맛있게 마시는 것이 불가에서의 식사법이라고 합니다.

말하는 것을 기본으로 하는 예능프로에서 침묵 속 체험을 한다는 것이 새로운 충격을 주었습니다. 물론 조용한 침묵을 어색해하는 출연자들이 웃음을 주었던 것도 사실이었습니다.

하지만 실제로 이러한 일련의 과정을 통해 출연자들은 자기 자신에 집중하게 되었을 것입니다. 소리로 인해 타인에게 피해를 주면 안된다는 사실도 염두에 두었을 것입니다.

불교 사상의 모든 근원은 침묵에 있습니다. 마음을 깨끗하게 비우고, 욕심을 버리는 것의 모든 것이 침묵과 통한다고 볼 수 있는 것입니다.

결국 성불하다는 의미도 마음먹기에 따라서는 언제든지 부처로 거듭 날 수 있음을 말하는 것으로 진정한 깨달음을 얻은 상태를 말합니다. 이 깨달음의 세계는 침묵의 세계와 통한다고 볼 수 있습니다. 세상 모든 것에 통달하고 침묵 속으로 들어가는 것입니다.

불가에서는 어떤 사람도 성불할 수 있다고 말합니다. 이는 누구나 침묵할 수 있다는 말과 같다고 볼 수 있습니다.

성철 스님은 성불할 수 있는 지름길은 바로 '참선'이라고 하셨습니다. 참선이란 스스로 좌선하거나, 자기가 우러러 존경하는 고승에게 선을 배워 닦는 것을 말합니다. 아무리 많은 책을 읽어도 스스로 진정한 깨달음을 얻지 못하면 아무 소용이 없음을 강조하셨습니다.

불교에서는 참선을 위해 참선하는 사람들이 스스로 마음을 다

잡으려고 말없이 행하는 의식, 즉 간당을 하기도 합니다. 침묵의 시간 속에서 참다운 마음을 들여다보고 깨달음을 찾아가는 것입니다.

조용히 입을 쉬게 하고 마음의 문을 열어 자기 자신과의 대화를 시도해 보십시오. 마음의 대화를 통해 얻은 깨달음이 쌓여 성불의 꿈이 이뤄질 수도 있습니다. 시끄러운 세상 소리는 다물어진 입을 통해 바람처럼 그냥 지나갈 것입니다.

진실은 말하지 않아도 전해집니다

다른 사람에게 충고하고자 할 때에는
마음속으로 다음과 같은 다섯 가지를 유념해야 한다.
충고할 만한 때를 가려서 말하고, 알맞지 않을 때에는 말하지 않는다.
진심에서 충고하고 거짓되게 하지 않는다.
부드러운 말씨로 이야기하고 거친 말을 쓰지 않는다.
의미 있는 일에 대해서만 이야기하고 무의미한 일에는 말하지 않는다.
인자한 마음으로 이야기하고 성난 마음으로는 말하지 않는다.
―증지부경전

말썽꾸러기 아이가 있었습니다. 이 아이는 하루도 빠짐없이 이런저런 사고를 치고 다녔습니다. 다른 아이를 괴롭히고 도망치기도 하고, 동네 어르신들에게 버릇없이 굴다가 혼나기도 합니다. 그리고 부모는 날마다 아이에 의해 들어오는 민원을 듣게 됩니다.

이럴 때 대부분의 부모는 어떻게 할까요. 회초리로 아이의 잘못을 꾸짖거나, 윽박지르거나 달래는 말을 반복하면서 잔소리를 할 것입니다. 하지만 이런 매나 잔소리는 곧 효과가 떨어지고 맙니다.

아이의 입장에서는 사고를 치고 와도, 한차례 매를 맞거나 잔소리만 들으면 상황이 끝나는 것에 이미 익숙해지기 때문입니다. 어떠한 처벌이든 너무 자주 하면 처벌 방법 자체에 익숙해집니다. 이럴 때 '침묵의 효과'를 쓸 수 있습니다.

　사람의 심리라는 것이 묘해서 이미 저지른 실수나 잘못에 대해 누군가에게 당연히 질책을 받겠다 싶었는데, 막상 당사자가 아무런 말을 하지 않을 때 불안감을 느끼게 됩니다. 물론 처음에는 처벌이 없다고 생각하여 순간 안심하기도 하겠지요. 하지만 편안한 기분은 오래가지 않습니다.

　화를 내야 할 상황에 성내지 않는 사람이 있습니다. 그런 사람은 오히려 때마다 화를 내는 사람보다 더 두려움을 느낍니다. 무슨 생각으로 침묵하고 있는지 예측할 수 없기 때문입니다. 아무것도 보이지 않을 때 느끼는 불안감과 비슷할 것입니다. 차라리 대놓고 화를 내는 사람이 편할 때도 있습니다. 이처럼 침묵은 때로 강한 힘을 발휘하기도 합니다.

　부처님도 제자들의 물음에 있어 그 자리에서 꾸짖거나, 다시 질문하라고 하거나, 침묵하셨다고 합니다. 이중 침묵의 의미는 말해도 알아듣지 못할 것이라는 생각과, 좀 더 신중하게 생각하고 답을 주겠다는 의미로 볼 수 있을 것입니다.

　오늘 날 법정 스님과 성철 스님이 존경받는 가장 큰 이유도 여기에 있습니다. 두 분의 공통점은 말을 아끼셨다는 것입니다. 침묵이

갖는 뜻을 깊이 새기고 지켜나갔기 때문입니다. 불필요한 말을 삼가고, 생각에 기인한 말과 깨달음만으로 담백하게 사셨다는 것이 신도들뿐만 아니라 일반인들도 고개를 숙이게 하는 이유입니다.

노자의 말씀 중에 "도를 도라 말하면 영원한 도가 아니며, 이름을 이름이라 하면 영원한 이름이 아니다."라는 것이 있습니다.

아끼고 싶은 감정이 있을 때 입 밖으로 말을 해버리면 그 말로 인해서 모든 것이 날아가 버릴 것 같은 기분이 드는 것도 마찬가지 일 것입니다. 진실된 마음은 항상 오래 간직하고 싶듯이 소중한 생각이 있다면 굳이 말로 하지 않는 것이 옳을 것입니다.

진실이 가진 가장 큰 장점은 상대방에게 언젠가는 그대로 전해질 수 있다는 것입니다. 자신의 느낌을 전할 줄 알고, 그 느낌을 받아들일 줄 아는 사람과의 소통이 오래가는 이유도 이와 같은 맥락일 것입니다. 삶에 진실이 없는 사람은 없습니다. 스스로 진실하다면 상대방의 진실도 분명히 느껴질 때가 올 것입니다.

이기주의가 팽배한 이 사회에서 법정 스님과 성철 스님이 굳이 말을 하지 않아도 모든 사람이 두 스님에게 공감하는 것은 말로 꺼내어지지 않은 조용한 울림이 대중들에게 그대로 전해졌기 때문입니다. 진실은 말하지 않아도 전해집니다.

| 4장 |

명상

영감은 생활 속에 숨어있습니다
연꽃의 경지에 이를 수 있을까요
빨리 얻은 것은 빨리 사라집니다
내면을 채우는 수행을 하세요

영감은 생활 속에 숨어있습니다

나는 어느 날 밤에 도를 이루고
어느 날 밤에 이르러 열반에 들었으며
이 중간에 나는 전혀 한 말이 없다.
―능가아발다라보경

요즘 시대에는 '창의력'이 대세라고 합니다. 길거리 먹을거리로 시작하여 체인점이 있는 식당을 차린 사람, 한 번 들으면 심금을 울릴 정도로 감동적인 곡을 써서 대중을 사로잡는 사람, 각종 전시회뿐만 아니라 업계에서 손꼽히는 미술 작품을 만드는 사람 등등 주변에서 놀랄만한 성공을 거둔 사람을 찾아보기란 어렵지 않습니다. 모두가 창의력을 바탕으로 기존의 발상을 전환시킨 사람들입니다.

남들의 부러운 시선을 한눈에 받을 만큼 성공한 사람들은 그 노하우를 물었을 때 이렇게 대답합니다.

"블루오션을 찾은 거죠."

"같은 분야에 대해 깊이 연구하다가 문득 '이거다!' 싶었습니다."

이 사람들은 남들이 무심코 지나가는 거리의 분위기 하나하나에도 관심을 놓지 않았습니다. 오직 한 가지에 몰두하여 그것을 관심 분야에 접목시켜 새로운 것으로 재탄생시킨 경우입니다.

"미치니, 미친다."라는 말이 있는 것처럼 무언가에 열중해 있을 때 결국엔 원하는 바가 보이기 마련입니다. 물론 모든 사람들이 다 얻을 수 있는 것은 아닙니다. 하지만 목표를 향하여 꾸준하게 노력하는 자세만 있다면 가능한 일입니다.

〈십이시법어〉에 이런 말이 있습니다.

"밥을 먹을 때는 몸과 마음 전체가 밥이 되어 밥을 먹어라. 이런 식으로 이 삶의 순간순간에 그대의 몸과 마음 전체를 집중하게 되면 여기 명상이 따로 없고 수행이 따로 없다."

대수롭지 않게 늘 하는 일상생활에서도 몸과 마음을 다해 집중한다면 원하는 한 가지가 보이게 됩니다.

부지런히 찾고 생각하다보면 "앗! 이거다"하고 무릎을 칠 경우가 생기는 것입니다. 이것이 생활 속의 명상이 될 수 있습니다.

만물이 공존하고 있는 우리가 사는 세상엔 공짜로 만들어진 것이 없습니다. 모두가 의미 있는 것이고, 하나하나가 생활 속에서 명상을 할 수 있는 소재가 될 수 있습니다.

 법정 스님의 〈물소리 바람소리〉 중 '무소의 뿔처럼 혼자서 가라'를 살펴보면 더 깊이 알 수 있습니다.

 "직소폭포에서 내소사까지는 전혀 표지판이 없어 순전히 느낌으로 길을 가야 하므로 잘못 들기 쉽다. 한참 개울을 따라가다가 꺾인 지점에서 왼쪽으로 개울을 건너 낮은 솔밭 언덕으로 올라갔다가 혹시 길을 잘못 들지 않았는가 싶어 다시 개울가로 한참 따라가니 뽕나무를 가꾸는 산촌이 나와 아차 싶었다. 처음 솔밭 언덕길이 내소사로 넘어가는 바른 길이었던 것이다. 바른 길로 가면서도 확신이 없으면 다시 헤매게 된다는 교훈을 이 길에서 배울 수 있었다. 그리고 낯선 길에서 '느낌'이란 상당히 신빙성이 있다는 사실도 함께 배웠다. 우리는 길에서 많은 것을 배운다."

 이렇듯 자신에게 확신을 가지고 자기의 생각을 그대로 밀고 나간다면 원하는 길은 보이게 됩니다. 길에서든 작은 돌멩이 하나든 언제, 어디서, 어느 것에서도 깨달음을 항상 존재합니다.

 창의력의 바탕이 되는 영감은 언제 어디에서 불쑥 튀어나올지 모르는 일입니다. 다만 그것을 알아채느냐 지나가버리느냐는 느끼는 사람에 따라 다른 일입니다. 들판에 홀로 핀 작은 들꽃을 보며 어떤 이는 그 꽃만 볼 것이고, 어떤 이는 그 꽃에 영혼을 담은 시를 쓸 것이며, 어떤 이는 더 많은 꽃을 보기 위해 다른 곳으로 이동해 더 넓은 세상을 볼 것입니다. 다만, 항상 느끼면서 사는 것이 중요합니다.

연꽃의 경지에 이를 수 있을까요

진여법의 성품은 명상을 초월하였다. 진여(眞如)의 법은 모든 공덕과 행덕을 다 갖추어 그것을 본성으로 하고 있으므로 참성품[眞性]이라고 말한 것이니, 이와 같은 참성품은 모든 명상(名相)을 초월하였으므로 진성공(眞性空)이다.
—금강삼매경론

연꽃은 불교를 상징하는 대표적인 꽃입니다. 부처님은 설법을 하실 때에도 이 연꽃에 비유를 많이 하셨다고 합니다. 연꽃은 깨끗한 물에서는 살지 않는다고 합니다. 더러운 물속에서도 스스로의 깨끗함을 유지하고 고고하게 꽃을 피우는 모습을 보고 불교에서는 참선을 닦은 도인에 비교하기도 했다고 합니다.

중국의 유학자 주렴계는 '연은 진흙에서 나도 물들지 않고, 맑은 물결에 씻기어 요염하지도 않으며, 속은 텅 비어 통해 있고. 밖은 곧으며, 넝쿨도 가지도 없고, 향기는 멀리 풍기어 맑으며, 물 가운데 우뚝하게 조촐히 서 있으니 멀리서 바라볼 수는 있어도 가까이서 매만질 수는 없다'고 말하며 연꽃을 극찬하였다고 합니다.

자신만의 도를 깨닫고, 참선에 몰두하신 법정 스님과 성철 스님을 보면 이 연꽃에 닮음을 볼 수 있습니다. 말 많고 탈 많은 속세에서 세상과 타협하여 물들지 않고, 그렇다고 고상한 척 고개 들고 사람을 아래로 보지 않았으며, 마음을 비우되 결코 그 마음이 안으로만 퍼져 있는 것이 아니라 세상을 교화시킬 수 있는 향기를 담고 있습니다.

뭇사람이 그분들의 얘기나 모습을 보고 경의를 표하며 바라볼 수는 있으나 함부로 얼굴을 맞댈 수 없을 정도로 위엄을 갖추신 분들입니다. 현재 속세에 계시지 않음에도 이 세상에 그분들의 깨달음은 영원히 지속될 것입니다. 법정 스님과 성철 스님은 그만큼 참성품을 가졌기 때문입니다.

성철 스님의 〈참두화선법〉에는 이와 관련한 말씀이 기록되어 있습니다.

"마음을 잘 집중하여
정념(正念)으로써 선정에 드는 사람은
모기 근심 없는 큰 숲의 짐승과 같이
평안(平安)하게 갈 것이니라.

방일(放逸)하지 않고 쟁뇌(諍惱)를 떠나
선정에 드는 사람은
그물을 찢은 고기와 같이
평안(平安)하게 갈 것이니라."

라는 〈상응부경전〉을 인용하시며 본문을 통해 "본래 청정한 진여본성을 깨쳐 놓고 보면 모든 것이 다 고요함 속에서 무한한 지혜의 빛이 비치고, 무한한 지혜의 빛이 있는 가운데 항상 고요한 법입니다. 공부하는 사람이라면 누구든지 부처님께서 말씀하시는 것과 같이 몸의 자세를 바로 잡고 참선을 부지런히 하여 진여를 깨칠 수 있습니다. 마음을 아주 오묘하게 집중하여 바른 생각으로 선정에 들어야 합니다. 그렇게 하면 모기가 없는 큰 수풀 속에 사는 짐승과 같이, 또 그물에 걸린 고기가 그물을 찢어 벗어난 것 같이 평안할 것입니다.

더 이상 배우고 익힐 것이 없는 한가로운 도인, 해탈한 사람이 되기 전에는 견성이 아닙니다. 이것이 내가 말하는 화두 참구법의 근본사상입니다."라고 말씀하셨습니다.

공부를 하는 자는 몸과 마음을 하나로 하여 수행에 집중하면 해탈의 경지에 이른 것처럼 평안함을 느낄 수 있다고 하셨습니다.

선을 닦는 것에 몰두하는 이는 밖에서 나는 어떤 소리도 들을 수 없는 것처럼 진정한 수행을 하는 자는 주변의 시끄럽고, 더러운 모든 것에서 벗어나 맑음의 세계에 갈 수 있다는 말씀입니다.

두 손을 모으고 눈을 감는 것, 경전을 열심히 읽으며 머릿속으로만 되새김질 하는 것만으로는 열반에 이르지는 못합니다. 진흙탕 속에서도 유유히 피어나는 연꽃처럼 세상을 밝힐 수 있는 빛을 비추는 경지에 이르러서야 해탈에 이르렀다고 할 것입니다.

빨리 얻은 것은 빨리 사라집니다

> 해가 뜨고 지는 것, 그것은 세월을 재촉하는 것이다.
> 달이 뜨고 지는 것, 그것은 우리를 늙음으로 이끌고 가는 것이다.
> 명예욕과 탐욕, 그것은 아침 이슬과 같고 고통과 번민,
> 영화와 출세, 그것은 저녁 무렵의 연기와 같다.
> —자경문

성질 급한 사람과 동행하신 경험이 있으신지요. 혹은 자신의 성격이 급해 남들에게 한 소리 듣는 사람도 있을 것입니다. 이런 사람은 걸음걸이뿐만 아니라 가만히 서 있어도 다리는 부지런히 움직이고 있습니다. 때로는 기다림을 감당하지 못하여 화를 낼 때도 있습니다.

특히 운전을 할 때 급한 성격은 거짓을 말할 수 없음을 증명하여 줍니다. 부지런히 차선을 바꾸며 심지어는 깜빡이등조차도 켜지 않고 마구 끼어듭니다. 신호등은 노란불이 차가 움직이는 시점이며, 아슬아슬 위험한 돌진에 어느 날 사고라도 나는 날엔 열이면 아홉은 오히려 잘못한 본인이 먼저 소리를 지릅니다.

사실 이렇게 위험한 질주로 주변 사람을 놀라게 하면서 서두르는 차를 가만히 따라가 보면, 얼마 가지 않아 다시 눈앞에 보일 정도로 그리 멀리 가지는 못합니다. 남들보다 겨우 10미터 앞에 가기 위해서 가지고 다니는 차의 얼굴을 부끄럽게 만드는 것입니다.

성질이 급한 사람은 손해를 볼 수밖에 없습니다. 일단 보는 이로 하여금 불안감을 안겨줘 신뢰감을 얻을 수가 없습니다. 업무에 있어서도 서두르다보면 실수가 나기 마련이구요. 그리고 본인처럼 빨리빨리에 익숙하지 않은 사람에 대해 비난을 하는 경우도 있어 가끔은 너그러운 사람의 기분을 망치게 하기도 합니다.

이렇게 성질 급한 사람에게 가장 많이 권하는 것은 바로 '명상'입니다. 마음을 가다듬고 본인이 무엇을 위해 달려가고 있는지에서 시작하여 지금 가고 있는 속도가 올바른 것인지를 둘러보고, 현실적인 문제에서 조금씩 벗어나 마음 속 공의 세계로 이끄는 것입니다.

이것은 결코 게으르게 살라는 이야기는 아닙니다. 생각을 가지고 기다릴 줄 아는 배려의 마음과 자신을 돌아볼 줄 아는 시간을 가지는 것입니다.

요즘에는 명상을 위한 학원까지 생겨 집중력을 강화하고 성격

개선과 마음까지 정화시킬 수 있다고 합니다. 한동안 "느리게 살기"라는 모토가 유행이었습니다. 지금도 가끔 화두가 되기도 하지만 정작 그것을 실천하는 사람은 아직도 게으른 사람으로 오해하는 경우가 남아 있습니다.

혹시 본인이 급하게 달려온 사람이라면, 잠시의 쉼도 용납하지 않는 사람이라면 지금이라도 늦지 않았습니다. 오래토록 바라고 간절하게 노력해서 얻은 것과 순식간에 얻은 성과는 같을 수 없습니다. 쉽게 빨리 얻은 것일수록 손에서 나가는 것 또한 빠른 것입니다.

> "인생은 초대하지 않아도 저 세상으로부터 왔다가
> 허락하지 않아도 저 세상으로 떠나간다.
> 살면서 부를 이룬 사람도 많고 명성을 얻은 사람도 많다.
> 그러나 부나 명성과 함께 그들은 모두 어디로 갔는가.
> 그들은 이 세상에 온 것과 마찬가지로 이 세상을 떠나갔다."
>
> 〈본생경〉

이제는 천천히 뒤를 돌아보고 주변을 둘러보는 습관이 필요합니다. 이럴 때 명상의 시간을 함께 한다면 효과는 배가 됩니다.

급하게 몰아치며 얻은 것도 많을지 모르지만 그만큼 지나치고 잃어버리는 것에 대해 생각해야 합니다. 본인이 모르는 사이에 가장 가까운 친구를 잃는 경우도 있으며, 정작 중요하게 해야 할 일을 잊고 사는 지도 모르는 일입니다.

〈본생경〉에서처럼 살면서 부와 명성을 얻은 사람도 많이 있을 것입니다. 하지만 그것을 다음 생에까지 가져가지는 못합니다. 아무리 욕심을 부려도, 내 맘처럼 되지 않는 것이 세상을 떠나는 일입니다.

그렇다면 지금 살고 있는 세상에 충실한 것이 결과적으로 나은 삶이 아닐까요? 충실한 인생을 사는 것! 각박하게 서둘러 시간을 쫓아가기 보다는 나와 내 이웃을 돌아보며, 진정한 배려를 배워가며 명상을 생활화 하는 것이 바람직할 것입니다.

내면을 채우는 수행을 하세요

> 관불삼매(觀佛三昧)가 있다. 즉 부처님은 법왕이 되어 사람들로 하여금 갖가지 선한 법을 얻게 한다. 그러므로 좌선하는 사람은 먼저 부처님을 생각해야 한다. 부처님은 사람들의 한량없는 죄를 희박하게 하고 온갖 선정을 얻게 한다. 그러므로 지극한 마음으로 부처님을 생각하면 부처님도 또한 사람을 생각한다. 왕의 애호를 받으면 원수나 빚쟁이가 침노하지 못하는 것처럼 부처님을 생각하는 것도 그와 같아서 어떤 악법들도 어지럽히지 못한다.
> ―오문선경오용법

불교에서는 석가모니부처님이 계시던 시절부터 내려온 전통적인 수행방법인 '안거'라는 것이 있습니다. 특히 우리나라에서는 여름철에는 음력 5월 15일부터 7월 15일까지 삼개월간 하안거를, 겨울철에는 음력 10월 15일부터 다음해 1월 15일까지 삼개월간 동안거를 지냅니다.

스님들은 이 기간 동안 외출을 하지 않고 함께 모여서 그동안 부족했던 공부를 한다고 합니다. 특히 이 기간 동안에는 묵언(默言:말하지 않음)을 통한 참선수행을 하며 자기 자신을 성찰하는 시간을 가진다고 합니다. 그리고 마지막 날은 '해제'라 하여 수행 기간 중의 의문사항을 질문 토론하며 자신의 미진한 부분을 스스로

반성한답니다.

아무런 말을 하지 않고 며칠을 보낼 수 있을까요? 말의 필요성을 가지지 않고 수행에 몰두한다면 충분히 가능한 일이라 생각합니다. 오히려 모두가 조용한 가운데 말을 담는다는 것이 어색하게 느껴질 정도가 될 지도 모를 일입니다.

일반 중생들도 부처님께 드리는 불공의 경우에 경건한 마음으로 절을 하면서 마음속으로 기도합니다. 대부분 원하는 방향으로 보살펴 달라거나 죄를 용서해 달라는 기원이 많은 부분을 차지합니다.

하지만 성철 스님은 이렇게 말씀하셨습니다. "자기가 지은 악업은 자신의 노력으로 참회하고 신구의(身口意) 삼업(三業)이 맑아질 때 과보(果報)가 바뀌어 지며 행복이 이루어진다."며 철저한 자기 정진을 강조하셨습니다. 이는 타인의 도움으로 자신의 죄를 벗어나려 해서는 안된다는 뜻입니다. 자신이 지은 죄는 본인이 정성을 다하여 갚아야만 진정으로 그 업이 없어지고 맑음으로 갈 수 있다는 말씀입니다.

업이라는 것은 누구 탓이 아니라 자기 자신에 의해서 일어나는 것이기 때문입니다. 남의 등에 업혀 다리를 건넜다면, 그는 다리를 건넌 것은 맞지만 실제로 다리를 건너기 위해서 몇 걸음을 걸어야 하는지도 모를 것입니다. 또한 다리를 건너기 위해 땀을 흘리지 않았기 때문에 진정으로 다리를 건넜다고 할 수는 없습니다. 성철 스님은 부처님을 대하는 수행의 기본자세를 강조하신 것입니다.

여기서 신구의 삼업이란 '사람은 몸과 입과 생각으로 업을 짓는다.'하여 나온 말이라고 합니다. 이 세 가지 업을 씻어낼 수 있는 방법은 세 가지가 있는데 첫째는 신체의 청정(身淨)이요, 둘째는 입의 청정(口淨)이요, 셋째는 생각의 청정(意淨)이라고 합니다. 불교에서는 이 세 가지 법을 갖추면 부처님의 도량에 이르게 된다고 합니다.

〈자경문〉에는 깨끗하게 수행을 갖추는 방법에 대해 자세히 나와 있습니다.

> "몸을 가벼이 움직이지 않으면 산란한 마음을 다스려 선정(禪定)을 이루고 말이 적으면 미혹을 돌이켜보아 지혜를 이룬다. 실상(實相)은 언어를 떠난 것이며 진리는 경거망동하지 않는다. 입은 모든 화근의 문이니 반드시 엄하게 지키고 몸은 모든 재앙의 근본이니 경거망동하지 말아야 한다. 자주 나는 새는 그물에 걸리기 쉽고 가벼이 날뛰는 짐승은 화살을 맞을

위험이 있다. 그러므로 부처님께서는 설산에서 6년 동안 앉아 움직이지 않으셨고 달마는 소림굴에서 9년 동안을 무언으로 침묵하셨다. 후세에 참선하는 사람들은 어찌 이 일을 본받지 않는가?"

수행의 방법에는 여러 가지가 있을 수 있을 것입니다. 하지만 한 가지 중요한 것은 온 정신을 다해 진심으로 몰두해야 한다는 것입니다. 무조건 경전이나 지언을 외운다고 공덕이 되는 것은 아닙니다. 정확한 뜻도 모르고 진심으로 깨달음을 느끼지 못하면서 닦은 수행은 닫힌 유리병에 곁에서 계속 물만 붓는 것과 같습니다. 내면을 채워야 비로소 무게를 실을 수 있습니다.

5장
마음

열심히 걷다보면, 따뜻한 세상이 보입니다
마음은 마음이 지배 합니다
움직임의 힘은 생각입니다
깨달음은 경험을 통해 옵니다

열심히 걷다보면,
따뜻한 세상이 보입니다

> 사리자야, 왕이나 대신이 맑은 물이 가득 찬 좋은 목욕할 못을 가지고 있는 것처럼 비구와 비구니는 자기 마음을 목욕할 못으로 삼느니라. 사리자야, 만일 비구와 비구니가 자기 마음을 성취하여 목욕할 못으로 삼으면, 곧 능히 악을 버리고 선을 닦아 익힐 것이다.
> —중아함경

사람은 본래 선하게 태어났다고 합니다. 그런데 왜 현실 속에서는 끊임없이 싸움을 일으키고 남에게 악하다는 말을 듣는 사람들이 승승장구 하는 모습을 보게 될까요. 남의 재산을 빼앗아 자기 것으로 만들고, 자기보다 못난 사람들을 업신여기며 사는 이들은 세상 두려울 것이 없는 것처럼 보입니다.

요즘 세상에서는 어릴 적부터 남을 밟고 올라서지 않고는 성공할 수 없는 것처럼 교육받고 있습니다. 이렇게 교육 받은 어린이들은 경쟁 사회에 익숙해지면서 자연스레 친구조차 하나의 적으로 생각하며 자라납니다.

최근부터 감성교육이다 뭐다 해서 여러 가지로 기존의 주입식,

경쟁관계의 모순을 타파하고자 시도를 하고 있지만 이마저도 기존 교육방식을 바탕으로 하고 있습니다. 아직까지도 남에게 존경받는 사람이 되려면 선두에 설 것을 강요당하고 있는 것입니다.

이런 식의 교육이 꼭 나쁘다는 것은 아닙니다. 좋은 쪽으로 유도해서 잘 풀리면 더없이 좋겠지요. 하지만 요즘 고학력 범죄자가 늘어나면서 사회적으로 부작용이 더 크게 나타나고 있는 실정입니다. 대부분 남들이 부러워할 만한 학력에 머리 좋은 사람이 정작 정신의 키는 크지 못한 채 본인도 알지 못하는 사이에 삐뚤어진 마음을 가지고 있는 것입니다.

아무리 선하게 태어났어도 마음가짐을 제대로 갖고 있지 않거나, 배우지 못했다면 바른 생각을 가지고 살아가기는 힘듭니다. 사실 깨끗한 마음을 가지고 태어나서 그것을 유지하고 살기는 힘든 세상입니다. 오히려 선한 사람들이 바보 취급을 받는 상황도 많이 볼 수 있습니다.

하지만 아직까지 우리 사회에는 질서가 존재하고 그 질서를 유지하는 일등공신은 선한 사람들입니다. 물론 악한 사람은 본인이 악하다는 사실을 알지 못합니다. 본인의 마음을 객관적으로 읽어 본 적이 없기 때문입니다.

어느 시점에서 누군가에 의해, 아님 사회적 상황으로 인해 객관적으로 보았을 때 본인이 잘못 살고 있다고 느껴도 근본 뿌리에 있는 마음가짐을 고치기란 쉽지 않습니다. 하지만 고치려는 마음만 있다면 반은 성공한 것입니다.

성철 스님은 "우리가 업 있는 채로 보면 똥물바가지다. 그 똥둘바가지도 많이 닦으면 새 바가지가 되어 물을 담아먹을 수 있다."고 하셨습니다. 닦아서 깨끗하게 만들겠다는 마음만 있다면 못할 것이 없습니다. 오랜 동안 묵은 때가 잘 지워지지 않듯이, 처음엔 잘 지워지지 않을 것입니다.

그렇다고 포기한다면 평생 더러운 채로 살 수 밖에 없습니다. 닦고 또 닦는 것을 꾸준히 반복해 나가다 보면 어느 순간 때는 희미해지고 본래의 깨끗함을 볼 수 있습니다.

성철 스님은 "조금 해보고 안된다하지 말고, 꾸준히 열심히 해 나가면 무엇이든 이루어지고 밝아진다."고 하셨습니다. '안 한다'와 '못한다'는 분명 다른 말입니다. 세상에 안 되는 일은 없습니다. 노력하는 자에게는 항상 길이 열리기 마련입니다.

작은 메아리가 온 세상을 울릴 수 있듯이, 한 걸음 한 걸음 가다보면 목적지가 보일 것입니다. "할 수 있다."는 긍정적인 생각을 가지고 부지런히 빛을 향해 가다보면 자기도 모르는 사이에 따뜻한 세상에 와 있을 것입니다.

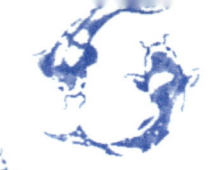

마음은 마음이 지배합니다

온갖 장수도 마음을 뛰어넘지는 못할 것이니, 마음은 원수여서 항상 사람을 속인다. 마음이 지옥을 취하며, 마음이 아귀를 취하며, 마음이 축생을 취하며, 마음이 천인(天人)을 취한다. 형상을 이루는 것은 모두가 마음이 하는 짓이니, 능히 마음을 항복받고 도를 닦는 이는 그 힘이 가장 센 사람이다. 내가 마음과 싸운 겁수(劫數)는 헤아릴 수도 없겠거니와 이제는 부처를 이루어서 홀로 삼계를 거닐으니 모두가 마음이 하는 짓이다.
―오고장구경

"나도 그렇게 하고 싶은데 내 마음대로 되지 않아!"

아닙니다. 진정으로 그렇게 하고 싶다면, 마음도 함께 그곳에 있었을 것입니다. 마음이라는 것은 여러 가지 얼굴을 가지고 있습니다. 결코 옳고 착한 얼굴만 가지고 있는 것은 아닙니다.

때로는 가장 험상궂은 얼굴로 해서는 안 되는 행동을 이끌기도 하고, 아무런 관여도 하지 않은 얼굴로 뒤에서 의식을 지배하기도 합니다. 그리고 좋아하는 일이나 사람 앞에서는 한없이 착한 얼굴로 가장 좋은 감정을 만들기도 합니다.

힘이 센 장수도 상대방의 마음만은 굴복시키기 어렵습니다. 소를 물가까지 데려갈 수는 있어도, 억지로 물을 먹일 수는 없는 것처럼 말입니다.

마음은 어쩌면 세상에서 가장 힘이 셀 지도 모릅니다. 평소에 잠이 많던 여자가 아이를 낳고 나서는 우는 소리 한 번 들릴 때마다 바로 일어나 자식을 챙기는 것처럼, 불가능 할 것 같은 모든 일들이 이 마음가짐에 따라 천지차이로 변하게 됩니다.

현대인의 거의 모든 병이 스트레스에 원인을 둔 것처럼, 사람 속에 있는 정신이 힘들면 저절로 몸에 이상이 나타납니다. 쉽게 말하면 우울증의 말기 증상으로 몸에 이상이 오는 경우처럼 말입니다. 정신이 바로 서지 못하고 항상 불안감에 휩싸인 마음을 몸이 자연스럽게 따라가는 것이지요.

불교의 〈유마힐경〉에는 이런 말씀이 있습니다.

"무엇을 병의 근원이라고 하는가 하면, 대상에 대하여 마음이 작용하는 것으로서, 마음이 작용할 때 그것이 병의 근원이 되는 것입니다. 마음이 작용하는 대상은 일체의 미(迷)한 세계입니다. 이 마음의 작용을 끊기 위해서는 모든 것에 얽매이지 않아야[無所得] 합니다. 만약 모든 것에 얽매이지 않으면, 그때 마음은 대상을 향하여 작용하는 일이 없을 것입니다. 모든 것에 얽매이지 않는다고 하는 것은 상대적인 생각[二見]을 떠나는 것이며, 상대적인 생각이라고 하는 것은 주관과 객관이며, 이들을 떠나는 것이 모든 것에 얽매이지 않는 것입니다. 문수사리여, 이와 같은 것을 병든 보살이 그의 마음을 극복한다고 하는 것입니다. 또 생·노·병·사의 괴로움을 끊어 없앤다고 합니다. 이것이 보살의 깨달음입니다. 만약 이와 같지 못하다면 지금까지의 수행은 무익한 것입니다."

 마음을 움직이는 것 또한 하나의 다른 마음일 수 있습니다. 하지만 이 다른 마음은 한번 걸러지고 정화된 마음입니다. 즉, 마음을 지배하여 어디에 얽매이지 않고 자유롭게 법을 이끌어 가는 힘을 가진 또 다른 마음이라고 할 수 있습니다.

 성철 스님은 "천근을 들려면 천근 들 힘이 필요하고, 만근을 들려면 만근 들 힘이 필요하다. 열 근도 못들 힘을 가지고 천근, 만근을 들려면, 그것은 어리석은 사람이 아니면 미친 사람일 것이다. 힘이 부족하면 하루바삐 힘을 길러야한다."라고 말씀하셨습니다.
 이 말씀을 마음에 비추면 "천근의 마음을 바꾸려면 천근 들 마음가짐이 필요하고, 만근의 마음을 바꾸려면 만근 들 마음가짐이 필요하다. 열 근도 못 바꿀 마음가짐으로 천근, 만근의 마음을 바꾸려는 것은 어리석은 사람이 아니면 미친 사람일 것이다. 마음가짐이 부족하면 하루바삐 마음가짐을 길러야 한다."가 됩니다.

 상황에 따라 수시로 변하는 마음의 크기에 휘둘리지 말고, 정신을 지배하여 올바른 법도로 갈 수 있도록 노력해야 할 것입니다.

움직임의 힘은 생각입니다

그릇됨 없는 마음 참다운 계율이고, 우치가 없는 마음 여여한 지혜이고
산란을 여읜 마음 고요한 선정이고, 더하고 덜함 없는 그 자리가 법신일세.
―육조단경

얼마 전 '부처님 오신 날'을 맞아 지상파 방송사들이 불교에 관한 특집 프로그램을 만들었습니다. 특히 모 방송국에서는 요즘 한창 대중들의 맘을 사로잡은 법정 스님을 화두로 던졌습니다. 특집 다큐멘터리 '법정, 살아있는 것은 다 행복하라'라는 제목으로 시작한 이 다큐멘터리는 전부터 선덕여왕 미실 역으로 사랑받던 배우 고현정이 내레이션을 맡아 화제가 되기도 했습니다.

법정 스님의 삶과 철학을 재조명하려는 의도에서 제작된 이 다큐멘터리는 법정 스님의 소박하지만 감동적인 일상에서부터 시작하여 "행복은 최선을 다해 매 순간 살아있는 기쁨을 느끼는 것이다. 여러분 행복하십시오"라는 말로 마무리 되어 대중이 법정

스님에 대해 다시 한 번 더 생각하게 되는 계기를 만들었습니다.

그리고 다른 모 프로그램에서는 모 사진작가가 여행 하던 중 법정 스님이 머물던 곳을 찾았다가 스님이 평소에 신으시던 신발과, 직접 만드신 의자 등을 보며 항상 수행에 몰두하시면서 검소함을 잃지 않으셨던 법정 스님의 모습을 직접 보여주기도 했습니다.

이처럼 오늘 날의 대중이 법정 스님에게 마음을 활짝 여는 이유는 무엇일까요?

"현대인의 생활에 경종을 울리는 글을 남기셨기 때문입니다."

"돈에 얽매이지 않는 소박한 생활로 무소유의 삶을 실천하셨기 때문입니다."

"병마와 싸우면서도 의연함을 잃지 않고, 더욱더 법도에 정진하셨기 때문입니다."

등등 여러 가지 이유가 있을 것입니다. 어떠한 이유든 법정 스님이 이 시대에 한 획을 그은 것은 사실입니다. 그분이 이처럼 사람들의 삶에 부드럽지만, 날카로움보다 더 깊숙하게 들어온 이유는 부처님의 가르침을 받들고 실천하였기 때문이라 봅니다.

부처님 말씀 중에 〈출요경〉에는 이런 말씀이 있습니다.

"마음과 몸을 동시에 닦아야…

수행하는 사람도 이와 같다. 몸에는 계율의 갑옷을 입었더라도 마음에 지혜의 칼이 없으면 번뇌의 우두머리를 부술 수 없을 것이다. 그와 같이 비록 마음에 지혜의 칼은 있으나 몸에 계율의 갑옷이 없으면 그 또한 번뇌를 부술 수 없을 것이다."

법정 스님이 아무리 무소유의 개념을 가지고 있었다고 해도 그것을 몸소 실천하지 않았다면 부처님의 법도에 어긋나는 일이었을 것입니다. 법정 스님은 부처님의 말씀을 마음으로 받아들이는 것에 그치지 않고 직접 삶에 채워 넣으신 것입니다.

일반적으로 스님으로 입문하여 불가에 발을 넣으면 부처님의 법도를 알고 지켜나가는 것은 당연한 처사일 수도 있습니다. 하지만 부처님의 법도 안에서 깨달음을 얻고 그 깨달음으로 마음의 법도를 만들어 실행할 수 있다는 의지는 쉬운 일이 아닙니다.

그리고 그 법도를 일반 대중에게 어필할 수 있도록 소통의 길을 열었다는 것이 법정 스님의 커다란 업적으로 남을 일입니다. 법정 스님은 말씀을 하신 것이 아니라 마음을 보여주신 분입니다. 대중은 그분의 마음에 따라 마음가짐을 움직인 것입니다.

옆에서 아무리 많은 말을 해도 들리지 않을 때가 있습니다. 그것은 말을 하는 사람에게 마음이 가지 않았기 때문입니다. 상대방의 마음을 이해하고 그 사람이 존경받을 수 있는 인물이라면 말 하나, 행동 하나에도 신경 써서 보게 됩니다. 그분이 하는 모든 것을 본받고 싶은 마음이 있기 때문입니다.

　반대로 상대방한테 마음을 보여줄 때도 마찬가지입니다. 정신적인 면을 육체에 담아 전한다면 통하지 않을 리 없습니다. 삶의 거울은 형체가 움직이는 것이 아니라, 생각이 움직이는 것입니다.

깨달음은 경험을 통해 옵니다

만일 어떤 비구가 남의 마음을 잘 관찰하지 못한다면
마땅히 스스로 자기 마음을 잘 관찰하는 것을 배워야 한다.
〈중아함경〉

길다면 길고 짧다면 짧은 이 삶 속에서 모든 경험을 다 할 수는 없습니다. 특히 다른 사람들과의 관계에서 얻는 경험도 중요하지만, 이것만으로는 한정되어 있습니다. 경험을 통해 아는 삶 속에서 더 많은 깨달음을 얻을 수 있겠지요. 그러면 더 많은 경험을 하기 위해서는 어떻게 해야 할까요?

수양을 쌓는 것입니다. 가장 쉽게 접할 수 있는 방법은 독서입니다. 독서를 통해 마음의 수양을 더 많이 쌓아가는 것입니다. 책 또한 사람이 만든 것이기 때문에 나 아닌 다른 사람이 얻은 경험을 통해 보다 다양한 깨달음을 얻을 수 있습니다.

성철 스님과 법정 스님은 생전에 '독서광'이라 불릴 정도로 많은 책을 섭렵하셨다고 합니다. 책을 통해 견문을 보다 많이 넓히고, 부처님의 말씀을 새기셨습니다.

하지만 성철 스님은 수좌들에게 "책을 보지 마라."고 하셨다고 합니다. 이는 책이 중요하지 않다는 것이 아니라 화두에 전념히야지 경전이나 조사어록에 온통 기대서는 안 된다는 말씀이었습니다.

책을 읽는 것은 아주 좋은 것이나 지나치게 책에 집착하여 깨달음에 미치지 않는다면 오히려 편협한 생각만을 가질 수 있는 위험도를 이야기 하신 것입니다. 책을 많이 읽는다고 해서 꼭 좋은 것만은 아닙니다. 뭐든 지나치면 하지 않는 것만 못하듯이, 책을 읽고 그것을 객관화 시킬 수 있는 능력을 키우는 것이 좋은 일입니다. 이 객관화의 준비가 되었다면 충분한 독서를 통해 깨달음을 얻을 수 있는 준비가 된 사람입니다.

또한 법정스님은 〈일기일회〉를 통해 이런 말씀을 하셨습니다.
"수행은 어렵게 화두를 들거나 염불을 외기 전에 마음을 쓰는 일입니다. 그러나 혼자서는 불가능합니다. 반드시 마음을 쓸 대상이 있어야 합니다. 주관적인 입장과 자기본위의 생각으로는 올바른 평가를 내릴 수 없습니다. 타인은 내 마음을 밝게 할 수도 어둡게 할 수도 있는 매개체이자 대상입니다. 어디에도 걸림 없이 당당하고 행복하게 살 수 있으려면 만나는 사람에게 따뜻한 마음을 쓸 수 있어야 합니다. 이는 남을 위한 배려이자 나 자신을 위한 일이기도 합니다."

모든 일은 혼자만이 해결하고 판단하기에는 선입견이 생길 수 있습니다. 다른 사람의 생각을 짚어봄으로써 상호소통을 통해 바른 생각을 읽을 수 있습니다. 주관적인 자기 생각을 타인과의 생각 교환으로 객관화 시켜 마음을 정리할 수 있게 되는 것입니다.

즉, 마음을 수양하는 방법은 명상을 통해 자기 자신의 정신을 가다듬은 후에 타인의 생각을 바탕으로 보다 나은 수행을 이루는 결실을 이룰 수 있습니다.

물론 다른 사람의 생각이 모두 옳을 수는 없습니다. 독서를 통하여 한 번 점검해보고, 이치에 맞는 생각을 뽑아내는 것이 올바른 판단을 내릴 수 있는 길입니다. 이러한 가치관으로 타인과 공존하는 삶은 남을 위한 배려를 낳기도 합니다.

소통을 자주 하는 사람이 가질 수 있는 마음의 여유가 생기는 것입니다. 이렇게 쌓아진 타인에 대한 배려가 곧 자신에게 돌아와 다시 깨달음으로 순환되는 현상입니다.

나 자신에 대한 생각의 여유가 있는 사람만이 타인의 마음을 헤아릴 수 있는 자리를 만들 수 있습니다. 혼자 사는 세상이 될 수 없듯이 삶에는 어떤 변수가 생길지 모르는 일입니다. 이러한 변수를 보다 좋은 방향으로 이끌기 위해서는 많은 경험을 통해 여유를 찾아가는 방향이 옳을 것입니다.

마음을 다스릴 줄 아는 자! 가르침과 책을 적절하게 이용한다면 충분히 멀지 않은 길입니다.

6장
지혜

즐거운 소리는 널리 퍼집니다
덕을 쌓을 수 있는 문을 열어야 합니다
그릇에 맞는 '정도'를 지켜야 합니다
미움을 참마음으로 재생 시키세요

즐거운 소리는 널리 퍼집니다

거룩한 사람을 보는 것 즐겁고, 거룩한 사람 섬기는 것 즐겁다.
어리석은 사람을 떠날 수 있어, 착한 일 행해 혼자서 즐겁다.
-법구경

하루 종일 웃고 다니는 사람들이 있습니다. 한참 '웃음미학'이라고 하여 억지웃음이라도 호탕하게 소리 내어 웃으면 건강해지고, 그 웃음의 기운으로 인해 좋은 일이 많이 생긴다고 하기도 했습니다. 처음엔 어색하고, 과연 그럴 수 있을까라는 생각으로 시작했던 사람들이 하나 둘씩 웃음소리를 즐기게 됩니다.

이렇게 하루 속에 웃음을 저축했던 사람들은 차츰 일상 속에서도 대범한 사람이 되어갑니다. 웬만한 일에서는 그냥 웃고 마는 것이지요. 이것은 분명 거짓웃음이 아니라 웃음의 기운이 만든 삶의 지혜입니다. 이미 터진 사고는 돌이킬 수 없는 일임을 알고,

다음엔 똑같은 사건이 터지질 않을 것을 다짐하고 오히려 긍정적인 생각으로 다음 상황을 대처합니다.

 기분 좋은 사람을 만나든, 불쾌한 사람을 만나든 이들은 언제든지 웃을 준비를 하고 있습니다. 자신에게 기분 나쁘게 하는 사람이라고 하여 꼭 인상을 찌푸릴 필요는 없습니다. 당장은 기분이 상할지 모르지만, 그 단계를 넘어서 오히려 그에게 웃음을 전파시킬 수 있습니다. 그것도 되지 않는다면 남을 괴롭히는 그 사람처럼 살지 않겠다고 다짐하며 웃어넘기면 그만입니다.

 좋은 기분은 순식간에 전염된다고 합니다. 이 사람에게서 저 사람으로, 그리고 한꺼번에 터지는 경우도 있습니다. 마치 월드컵 축구에서 한국이 하는 경기를 보면서, 모두가 한 마음으로 응원의 기를 모아 승리를 확신하는 메시지를 전하는 그 때 한 골이 터진 후의 반응처럼 말입니다.

 기분 좋아진 식당 아저씨는 모두에게 음식 값을 받지 않았고, 이별을 예고하고 만났던 연인도 어느 새 어깨동무를 하고 있습니다.

 다른 사람에게 유쾌함을 전해준다는 것은 매우 뜻 깊은 일입니다. 그리고 타인이 똑같은 일을 당했을 때 대처할 수 있는 하나의 모범답안이 될 수도 있습니다. 쉽게 말하면 도를 깨우쳐 그것을 실천할 수 있는 방법을 가르쳐 준 것이나 다름이 없습니다.

〈불반니원경〉에서는 마음을 청정하게 하여 세상의 도를 구할 줄 아는 지혜를 강조하는 말이 있습니다.

"마음이 스스로 열리면 앉아서 생각만 하여도 곧 하늘을 볼 것이며, 사람들이 생각하는 것을 다 알 것이며, 또한 지옥, 아귀, 축생의 좋고 나쁜 세상에 태어나는 것을 보는 것이 마치 맑은 물 속에 있는 모래와 돌들이 어떠한 모양을 가지고 있는지 사실대로 볼 수 있는 것과 같다. 물이 맑아야 물 속을 볼 수 있듯이 세상을 벗어날 도를 구하되 마음이 청정하기가 시냇물같아야 한다. 물이 흐리면 물의 깊고 얕음이나 바닥을 볼 수 없는 것처럼, 마음이 청정하지 못하면 세상을 벗어나는 도를 얻지 못하나니 이는 마음이 흐린 허물 때문이다."

웃음은 입이 열리면서 소리가 나는 것이지만, 그 이전에 이미 마음을 열었기 때문에 행동으로 나타난 것입니다. 그 열린 기운은 세상을 기쁘게 하는 지혜를 만들어 주며, 혼자만이 아닌 이웃에게도 맑음을 선물해 줄 수 있습니다.

아침에 일어나자마자, 기지개를 펴고 활짝 웃어보십시오. 그리고 오늘 하루 있을 기분 좋은 일을 상상하며, 설렘을 만들어 보십시오. 설렘으로 만들어진 두근거림은 심장을 더욱 힘차게 할 수 있습니다. 그 심장 소리로 오늘의 삶을 두드린다면, 삶은 언제든지 여러분을 환영할 것입니다.

덕을 쌓을 수 있는 문을 열어야 합니다

멀리 있어도 높은 산의 눈처럼, 도를 가까이하면 이름이 나타나고
가까이 있어도 밤에 쏜 화살처럼, 도를 멀리하면 나타나지 않나니.
―법구경

불교는 신이 아닌 사람을 믿는 종교로써 지혜의 종교로도 알려져 있습니다. 그리고 자신의 짐을 스스로가 책임지고 지고 가는 것을 기본으로 하고 있습니다. 남에게 짐을 맡기면, 결국 그 남까지 본인이 감당해야할 또 다른 짐이 될 수도 있습니다. 세상 모든 일에 이유 없는 일이 없듯이, 우리의 짐도 감당해야할 이유가 있는 것입니다.

짐이라는 것은 좀 더 가볍게 말하자면 '노력'이라고도 볼 수 있습니다. 노력의 크기가 짐의 무게를 좌지우지 하는 것이기 때문입니다. 노력이 쌓여 생각한 만큼 성과가 보일 때 우리는 가장 큰 기쁨을 느낄 수 있습니다.

하지만 가끔은 당연히 해야 할 노력임에도 불구하고, 불만이 터져 나올 때가 있습니다.

"왜 저 사람은 나와 똑같은 일을 했는데 더 많이 가져가는 걸까?"

"내가 먼저 도달했는데 왜 저 사람이 칭찬을 받고 있지?"

두 가지 경우를 생각해 볼 수 있습니다. 겉으로 보기에 똑같은 노력으로 보여 졌지만 보이지 않은 이면에 상대방이 더 많은 노력을 한 경우입니다. 이런 경우에는 평가한 사람이 지극히 옳은 판단을 한 것입니다. 이럴 때는 상대방의 노력을 인정하고 순수하게 다음 기회를 기다리는 것이 현명한 생각입니다.

그리고 또 다른 하나의 경우는 정말로 똑같은 노력을 했지만 당장 나타나지 않은 결과라고 볼 수 있습니다. 이럴 때는 기다릴 줄 아는 지혜를 발휘하면 시간이 해결해 줍니다.

노력의 결과에 대응하는 처세에 따라 얼마만큼 현명하게 사느냐가 분명하게 나타납니다. 지금처럼 어지러운 세상에서는 더더욱 지혜가 필요한 시점입니다.

불교에서는 스님들에게 평소에 지혜를 쌓아가는 방법을 가르치고 있습니다. 아침 일찍 일어나 사찰 앞을 청소하는 것도 단순히 보이는 그 공간만을 깨끗하게 하는 것이 아니라 자신의 마음과 몸도 정화시키기를 가르치고 있습니다. 불심을 가지고 절에서 생활하는 모든 사람은 하루 자체가 지혜의 덕을 쌓아가는 과정이며 결과물입니다.

성철 스님은 평소 제자들을 직접 지도하면서 "첫째, 잠을 적게 자라. 둘째, 말하지 마라. 셋째, 책을 보지 마라. 넷째, 간식하지 마라. 다섯째, 돌아다니지 마라."고 지도 하셨다고 합니다. 이 다섯 가지의 공통점은 지혜의 덕을 쌓아가는 것에 방해가 되는 것은 하지 말라는 것입니다.

성철 스님을 찾아오는 모든 사람에게 삼 천배를 말씀하셨던 이유도 이와 같은 맥락에서 보면 쉽게 이해할 수 있습니다. 스님의 위신을 세우거나 방문하는 사람들을 괴롭히기 위해서가 아니라 삼천 번 절을 하면서 저절로 마음의 수양이 되기 때문입니다.

절을 하는 횟수가 늘어갈수록 머릿속의 잡념은 점점 더 사라지고, 집중력은 강해지게 됩니다. 성철 스님은 이러한 점을 인지하시고, 삼천배 속에 번민에 쌓인 중생들의 짐을 그들 스스로 덜어내는 방법을 깨우치게 하신 것입니다.

어떤 것이든 스스로 혼자 방법을 깨우쳐 알 수 있다면 더더욱 좋은 일이겠지만, 스승이 있어 덕을 쌓는 방법을 알려주는 것은 참 복 받은 일입니다. 하지만 요즘 사람들은 스승이든 친구든 바른 가르침이나 말을 해주면 비뚤어보는 경향이 짙습니다.

혼자서도 실컷 잘 할 수 있다는 자만이 있기 때문입니다. 하지만 타인의 말에 귀를 열 줄 모르는 사람은 지혜의 덕을 쌓는다는 것 자체가 불가능한 일입니다. 현명한 판단을 위해서 덕을 쌓아야 하는 마음의 소리를 들을 수 없도록 철저하게 귀를 닫고 있기 때문입니다.

살아가는 과정의 전부는 알아가는 과정이라 볼 수 있습니다. 보다 많이 깊은 앎을 위해서 항상 가능성을 열어둬야 할 것입니다.

그릇에 맞는 '정도'를 지켜야 합니다

대인은 세상일에 빠지지 않아 자손, 재물, 토지를 바라지 않고
항상 계(戒)와 지혜와 도를 지키어 그릇된 부귀를 탐하지 않는다.
지혜 있는 사람은 욕심을 버려 한 가지 물건도 가지지 않고
스스로 자기를 깨끗이 하여 모든 번뇌를 지혜로 돌이킨다.
—법구경

'자기 그릇만큼 논다'는 말이 있습니다. 어찌 들으면 별로 좋지 않은 의미로 쓰인 말이지만 역으로 보면 자신의 그릇만큼 산다는 것은 참으로 어려운 일입니다. 그릇의 양을 넘어서 더 많은 것을 채우려 애쓰기 때문에 넘치는 경우가 많기 때문입니다.

그러면 자기의 그릇 양은 어떻게 알 수 있을까요.

내용물을 담았을 때 넘친다고 생각할 수 있는 양은 부담스러움의 크기입니다. 내용물의 양이 자꾸 생각난다던가, 아님 더 채워야 한다는 조차도 모두 하나의 부담으로 볼 수 있습니다. 더도 말고 덜도 말고 정도를 지키며 살 수 있는 기준이 바로 그릇입니다.

물론 그릇은 사람마다 다릅니다. 처음부터 타고난 그릇도 있겠

지만 살면서 더 크고 좋은 그릇으로 만든 사람도 있을 것입니다. 그릇이 마련되었다고 해서 끝나는 것은 아닙니다. 여기에 보다 좋은 것을 얼마나 알맞게 채우느냐가 중요한 것입니다.

법정 스님은 '연잎의 지혜'라는 글을 통해 연잎이 자신이 감당할 만한 무게만을 싣고 있다가 그 이상이 되면 비워 버리는 지혜에 감탄하셨다고 합니다. 이 이야기는 법정 스님이 어느 날 연잎을 보시면서 연잎의 물이 어느 정도 고여 있다가 그 무게가 넘치면 미련 없이 쏟아 버리는 것을 보시고 깨달으신 내용입니다. 만약 연잎이 욕심대로 물을 다 받아들였다면 잎이 찢기거나 줄기가 꺾였을 것이라는 생각을 하시고, 세상사는 이치도 이와 마찬가지라고 느끼셨다고 합니다.

감당하지 못할 욕심을 부리는 사람 참 많습니다. 금방이라도 깨질 것 같은 그릇에 아슬아슬하게 내용물을 채워나가는 어리석은 행동은 보는 이들까지 안타까움을 느낄 정도입니다. 뷔페에 가서 다 먹지도 못할 음식을 가득 쌓아서 결국엔 다 먹지 못하고 남기는 경우와 같습니다. 억지로 배에 넣어도 탈이 나기는 마찬가지입니다.

감당 못할 음식이라면, 배고픈 다른 사람이 맛있게 먹을 수 있도록 자기 그릇에 담지 말았어야 할 것입니다. 너무나 맛있어 보이고 맛있다고 해도, 인간에게는 한계라는 것이 있습니다. 그 한계가 '정도' 또는 '적당히'라는 말로 생각하면 될 것입니다.

'정도'나 '적당히'라는 것은 눈에 보이는 양이 아니고, 또 사람마다 다르기 때문에 그것을 알 수 있는 능력을 타고난 사람이 아닌 이상 처음부터 알 수는 없습니다. 하지만 사람에게는 경험이라는 지혜가 있습니다.

'저 음식을 나는 얼마큼 먹으면 딱 알맞아.'

'맛있어 보이지만, 내겐 맞지 않으니 참아야겠다.'

몇 번 경험하다보면 터득할 수 있는 것이 생깁니다. 혹자는 이 지혜를 무시하고 무조건 욕심을 채우는 사람도 있습니다.

〈법구경〉에서는 "하늘이 칠보를 비처럼 내려도 욕심은 오히려 배부를 줄 모르나니 즐거움은 잠깐이요 괴로움은 많다. 어진 이는 이것을 깨달아 안다."라고 나와 있습니다.

똑같은 실수를 계속하는 사람은 실수가 아니라 잘못입니다. 음식을 먹고 체할 것을 뻔히 알면서도 계속 그 음식을 먹는다는 것은 잘못입니다. 이것이 처음 몰라서 저지르는 '실수'라는 것과 알면서도 저지르는 '잘못'이라는 것의 차이입니다.

지혜로운 자는 자기 자신에 대해 잘 알고, 본인에게 알맞는 그릇의 크기만큼 알차게 채워나갑니다. 물론 새로운 것을 채우기 위해 내용물을 비워내는 과감함도 함께 갖추고 있습니다.

그릇은 많이 닦을수록 빛이 납니다. 날마다 열심히 수양을 쌓아 더 빛나는 그릇을 가질 수 있도록 노력해야 할 것입니다.

미움을 참마음으로 재생시키세요

바람을 마주하여 먼지를 털면 그 먼지가 다시 자신에게로 돌아오듯이
미움을 미움으로 대하면 그 미움은 반드시 자신에게로 돌아온다.
미워하는 사람이나 미움을 미움으로 대하는 사람은
그 누구든 재앙을 벗어나지 못하나니 원망을 원망으로 갚지 말라.
그것이 원수를 항복 받을 수 있는 유일한 길이다.
—잡아함경

영화 〈파괴된 사나이〉가 상영한 적이 있었습니다. 신앙심 가득한 목사를 중심으로 전개되는 이 영화는 목사의 다섯 살 된 딸이 유괴되면서 모든 것이 뒤틀리기 시작했습니다. 이때부터 '원수를 사랑하라'라는 말과 함께 믿음으로 가득 찼던 목사의 설교는 사라지고, 목사는 분노의 세계에 빠져들게 되었습니다.

그의 마음속은 온통 미움으로 가득차서 결국 타락한 사업가로 변신하면서, 그동안 나쁜 짓 한 번 해보지 못한 세월을 송두리째 보상받으려는 듯 타락의 날개를 펼쳤습니다.

잠잠했던 삶 속에 누군가가 돌을 던졌을 때, 미동도 하지 않을 사람은 없을 것입니다. 어찌보면, 사람의 속에는 기본적으로 내

재되어 있는 분노가 살아있는 것 같습니다.

어떤 사건에 의해 고개 드는 분노의 속도는 마치 항상 준비된 무기처럼 빠르게 움직이기 때문입니다. 이 분노는 항상 누가 건드려 주지 않는지를 은근히 기다리고 있는지도 모르는 일입니다.

동네 오락실의 '펀치'가 한참 유행했던 것도 평소 마음속의 분노를 터뜨리려는 사람의 심리를 생각하고 만들었기 때문입니다. 직업 중에도 살펴보면, 다른 사람에게 실컷 맞아 주고 돈을 버는 사람도 있습니다.

태어나서 미움의 감정을 모르고 자란 사람은 없을 것입니다. 하지만 미움을 미움으로만 갚는다면 세상은 그야말로 만신창이가 될 것입니다. 한 대 맞았다고 해서 꼭 한 대 때려야만 갚을 수 있는 것은 아닙니다.

"나를 때려서 네 속이 시원하니?"라며 웃는다면 상대방은 어떤 반응을 보일까요. 미안한 마음이 두 배가 되며 자신의 행동을 반성할 것입니다.

마음에 미움이 있으면 갖고 있는 마음속도 편하지 않습니다. 본인 또한 미움을 껴안고 있는 것이라 나쁜 기운이 몸을 감싸기 때문입니다. 하지만 사람이라는 것은 감정의 동물이라 불교적으로 해탈에 이른 사람이 아닌 이상 자극에 반응하기 마련입니다.

어떻게 하면 감정에 얽매이지 않는 도인이 될 수 있을까요.

성철 스님은 법어집 〈자기를 바로 봅시다〉에서 "천만사가 전생이건 금생이건 다 내 인과인 줄 깊이 믿어 남을 원망하지 말고 자기가 더욱 더 노력하여야 할 것이니 이래야 인과를 믿는 사람이라고 이름 할 것이다. 털끝만큼이라도 남을 해치면 반드시 내가 그 해를 받는다. 만약 금생이 아니면 내생, 언제든지 받고야 만다. 그러므로 나를 위하여 남을 해침은 곧 나를 해침이고 남을 위하여 나를 해침은 참으로 나를 살리는 길이다."고 말씀하셨습니다.

분노를 인과관계와 연관하여 생각한다면 보다 현명하게 다스릴 수 있다는 말씀입니다. 지금 현재 내가 아무런 잘못이 없는데도 돌을 맞았을 때는 현세가 아닌 전생에 무슨 이유가 있을 수도 있습니다. 지금 당장 화가 난다고 하여 그 돌을 상대방에게 던질 경우에는 꼭 현세가 아니어도 후생에 다시 자신에게 돌아온다는 말입니다.

'복수는 복수를 낳는다.'는 말도 순회사상의 또 다른 표현일 것입니다. 지구가 둥글 듯 언젠가 돌다보면 제 자리에서 자신을 보고 있는 또 다른 자기 얼굴을 만날 수 있습니다. 결국엔 자기가 자기 얼굴에 돌을 던질 수도 있는 일입니다.

지금도 자신이 알지 못하는 내면 어느 곳에 분노와 미움의 감정이 숨어 있을 지도 모릅니다. 숨어 있다고 하여 굳이 찾아 없애려 노력할 필요는 없습니다. 그 감정들이 영원히 밖으로 나오지 못하도록 도를 깨달아 참마음으로 다시 태어나기를 바라는 것이 올바른 지혜일 것입니다.

| 7장 |

자유

무게를 줄이면 가벼워집니다
스스로에게 답이 있습니다
역경이 있음은 해탈이 가까이 온 것입니다
부처님의 은혜를 느껴보세요

무게를 줄이면 가벼워집니다

우리들을 생존에 얽어매는 것은 집착이다.
집착하는 것은 마침내 근심이 된다.

그 집착을 모두 버린 수행자는…
이 세상도 저 세상도 모두 초월해 버린다.
뱀이 묵은 껍질을 벗어 버리듯이.
－숫타니파타

　세상에 현존하는 '내 것'의 종류에는 무엇이 있을까요. 내 가족, 내 친구, 내 재산, 내 명예, 내 돈… 이 시대를 살아가는 가장 큰 이유 중의 하나는 '내 것을 지키기 위해서'라고 대답할 사람이 많을 것입니다. 지금 현재 자신이 가지고 있다고 생각하는 모든 것들이 과연 본인의 것이 맞을까요.

　내 것과 네 것, 그리고 우리의 것 등등 선을 그어 놓고 경계를 만들기 시작하면서 자연스럽게 생기는 것은 집착입니다. 이 집착은 한 번 젖어들기 시작하면, 꼬리에 꼬리를 물고 자꾸만 늘어납니다. 마치 식탐 많은 욕심쟁이가 배 터지는 줄 모르고 마구 먹어 대듯이 말입니다.

헐리우드 영화중에는 SF 영화가 많이 나옵니다. 작가들의 상상력은 놀라울 정도로 시대를 넘나들기도 하고, 기술을 이용해 공상을 현실로 만들기도 합니다. 이 영화 속에서 가장 많이 나오는 주제는 동서양을 막론하고 선과 악의 대립일 것입니다.

서양 영화들의 선과 악을 주제로 한 영화를 보면, 이들은 풍부한 작가적 상상력으로 외계인을 등장시키거나, 힘과 권력을 가진 자가 욕심을 넘어서 결국엔 인간의 영혼까지 지배하려든다는 소재가 자주 등장합니다.

이러한 소재가 등장하는 이유는 아무래도 이 시대에 대한 불안감의 표현이라고 볼 수 있습니다. 너도 나도 욕심이 넘쳐나 결국엔 가장 막대한 힘을 가진 자가 세상을 다 가지려고 힘없는 사람을 이용하는 악인으로 표현되는 것이지요.

악인은 세상이 자기 것이 되기를 바라는 마음일 것입니다. 작가는 인간의 욕심이 결국 세상을 위험에 처하게 할 수도 있다는 가능성을 보여주고 싶어 했을 것이지요.

'내 것'의 끝은 없습니다. 가지기 위해서 또 다른 희생을 치러야 할 것이고, 또 희생을 치르고도 끝내 가지지 못하는 것도 있습니다. 희생은 본인이 전적으로 책임질 수 있는 양의 것도 아닐 것입니다. 결국 완전하게 내 것으로 가질 수 있는 것은 아무것도 없습니다.

가질 수 없는 것을 쫓아가다가 자신의 영혼까지 망가뜨리는 실수는 저지르지 말아야 할 것입니다. 집착은 위험한 가시줄과 같습니다. 가시줄에 갖고 싶은 모든 것을 매달아 놓은 격입니다.

지금 이 순간 내가 가지고 있다고 생각했던 것, 갖고 싶었던 것을 한 번 놓아보십시오. 현실 속에서 불가능하다고요? 그럼 하루에 한 가지씩 생각을 없애는 것부터 시작해 보십시오. 생각이 없어지면, 집착은 멀리 달아날 수밖에 없습니다.

마음속에 아무런 생각이 없어질 때 진정한 해방감이 찾아올 것입니다. 그리고 내면으로부터의 자유를 찾은 기쁨을 느낄 수 있을 것입니다.

"빈 마음, 그것을 무심이라고 한다.

빈 마음이 곧 우리들의 본마음이다.

무엇인가 채워져 있으면 본마음이 아니다.

텅 비우고 있어야 거기 울림이 있다.

울림이 있어야 삶이 신선하고 활기 있는 것이다."

― 법정 스님 〈물소리 바람소리〉 중에서

법정 스님의 말씀처럼, 우리의 마음은 본래 빈 마음이었을 것입니다. 빈 마음엔 물론 세상에서 가장 가벼운 마음의 무게겠지요. 마음이 가벼워지면, 눈에 보이는 게 다가 아님을 깨달을 수 있을 것입니다.

 집착으로부터 해방되어 자유인으로서의 울림을 느낄 수 있다면, 삶은 그렇게 무겁지 않을 것입니다. 무게를 줄인 가벼운 삶 속으로 한 번 들어가 보십시오.

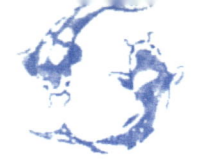

스스로에게 답이 있습니다

컴컴한 동굴 속에 갇혀 있는 사람은 죄악의 보자기에 싸이고 착각 속에 빠져 있다.
이런 사람은 진리의 삶으로부터 멀리 떨어져 있으니
이 세상에 살면서 욕망을 버린다는 것은 그렇게 쉬운 일이 아니다.
생존의 쾌락에 갇혀 있는 사람은 영혼의 자유를 얻기 어렵다.
진정한 영혼의 자유는 남이 줄 수 있는 것이 아니기 때문이다.
ㅡ숫타니파타

생활이 어려워서일까요, 세상이 각박해서일까요.

얼마 전부터 매스컴을 통해 갇혀 사는 아동이나 노인들의 이야기가 심심찮게 나오고 있습니다. 대부분 방안이나 심지어는 돼지우리 같은 공간에서 방치된 상태로 몇 년, 몇 십년을 지내온 경우입니다.

그리고 방치해 온 가해자는 가족인 경우가 많습니다. 경제적으로 어려운 이유도 있고 자기만을 생각하는 이기적인 마음으로 노약자를 괴롭힌 사람도 있었습니다. 사실을 접한 사람들이 피해자들에게 할 수 있는 것은 무엇이 있을까요.

제일 먼저 가해자로부터 벗어날 수 있도록 도와주는 것이라 생각할 것입니다. 하지만 아이러니하게도 피해자들은 가해자로부터 떨어지기를 거부하는 경우도 허다합니다. 남들이 보기에는 당장이라도 뛰쳐나오고 싶을 정도로 열악한 환경인데도 말입니다. 이들은 몇 년 동안 길들여진 어둠에 익숙해져 버렸고, 스스로 일어서야 하는 바깥세상이 두려움의 대상이 되어버린 것입니다.

무언가 도움을 주고자 언론에서는 보다 여러 사람에게 알리고, 이들에게 자유를 주고자 했는데 며칠 시간이 흐른 뒤에는 다시 제자리에 돌아가 있습니다.

멀쩡한 새를 오랫동안 새장에서 키워오다가 어느 날 새장 문을 열고 자연으로 돌려보내고 싶어도 움직이려 하지 않는 새처럼 말입니다.

누군가로부터 도움을 받아 해방되어도 정작 자기의 영혼이 끝까지 갇혀 있다면 그것은 자유를 얻지 못한 것입니다. 불가의 말씀처럼 진정한 영혼의 자유는 남이 줄 수 있는 것이 아니기 때문입니다.

결국 자유는 스스로 혼자 깨달아야만 가능한 것입니다. 부처님 말씀의 〈아함경〉에는 "너 자신을 등불 삼고 너 자신을 의지하라. 진리를 등불 삼고 진리를 의지하라. 이밖에 다른 것에 의지해서는 안 되느니라."라고 명시되어 있습니다.

  진리에 대한 확실한 믿음을 가지고 스스로에 의지해서 극복해야만 원하는 것을 얻을 수 있습니다. 남들은 자유, 깨달음, 생각 등등 극복할 수 있는 환경은 만들어 줄 수 있어도 영혼까지 이끌어줄 수 있는 것은 불가능합니다.

  스스로가 움직이지 않는 이상 어떠한 굴레에서도 벗어날 수 없습니다. 스스로에게 자부심을 가지고 그것을 등불 삼아 고비를 넘길 수 있도록 부지런히 노력해야 할 것입니다. 밥숟가락으로 밥을 먹여줄 수는 있지만 정작 그것을 씹는 것은 본인의 몫일 수밖에 없습니다.

  성철 스님은 부처님은 이 세상을 구원하러 오신 것이 아니라, 이 세상이 본래 구원되어 있음을 가르쳐 주시려고 오신 것이라고 말씀하셨습니다. 그래서 자신을 바로 보아야 한다고 말씀하셨습니다. 시간과 공간을 초월하여 영원하고 무한한 자신 안에 모든 진리가 내재되어 있다고 말입니다. '참나'는 영원하므로 종말이 없는데. '참나'를 발견 못한 사람은 세상의 종말을 두려워하며 헤매고 있음을 안타까워하시고, 욕심이 자취를 감추면 마음의 눈이 열려서 순금인 자신을 재발견하게 될 것이라고 말씀하셨습니다.

성철 스님의 말씀처럼 부처님이 아무리 구원에 관한 깨달음을 주시려고 해도 자신이 느끼지 못하면 아무런 소용이 없습니다. 참다운 나를 발견하고 마음의 눈을 열면, 자유로움의 세계도 활짝 열릴 것입니다.

역경이 있음은 해탈이 가까이 온 것입니다

공부하는 데 장애 없기를 바라지 말라.
장애가 없으면 배우는 것이 넘치게 되나니...
장애 속에서 해탈을 얻으라.
─ 보왕삼매론

같은 분야에서 같은 일을 해도 유난히 순탄하게 일이 잘 풀리는 사람이 있습니다. 매끄럽게 쭉쭉 뻗어가는 그 사람의 인생이 마냥 부럽기만 합니다. 세상 모든 꼬인 일은 자신에게만 밀려오는 것 같습니다.

장애물 없는 맨 땅을 달리는 것은 매우 쉬운 일입니다. 하지만 평탄한 길만을 걸어 온 사람은 막상 거친 땅을 만났을 때 적응을 하지 못합니다. 평지 걸음보다 다리를 더 높이 들어 장애물을 넘는 기술을 모르기 때문입니다.

예부터 어려운 역경을 많이 해 본 사람이 의지가 강하고, 배우는 것도 많다고 했습니다. 모진 풍파를 견디고 그 속에서 얻은 지혜를 이용하면, 불교에서 말하는 해탈을 얻을 수 있습니다.

살아가는 데 장애가 없을 수는 없습니다. 언제 어떤 길에서 만나게 될지는 알 수 없지만 험한 길은 생기기 마련입니다.

흔히 불가에 입문하는 스님들은 속세에서 사연이 많다고 알려져 있습니다. 속세에서 겪은 고뇌와 번민이 많아 깨달음의 세계인 불가에 입문하여 해탈의 경지에 이르기 위해 노력하는 분들이 많다고 말입니다. 즉, 해탈로 인해 고뇌로부터 자유로워질 것을 바라는 마음에서 시작했을 가능성이 많다고 생각하는 사람들이 많습니다.

고뇌가 많은 사람일수록 그 괴로움을 담을 수 있는 그릇을 비워야 하는 시기가 있을 것입니다. 늘 순탄하게만 살았던 인생이라면 불가에 입문하는 확률은 더욱 적어졌을지도 모르는 일입니다.

법정 스님은 말씀하셨습니다.
"장애 없길 바라서는 안 된다.
장애는 해탈의 길로 이어진 길목이다.
장애 없이는 해탈이 불가능하다."
법정 스님 말씀처럼 진정으로 자유로운 해탈을 원한다면 장애물까지 껴안고 승화시켜야 할 것입니다. 이미 열려있던 문을 지나쳐 밖으로 나온 사람과 자물쇠에 잠긴 문을 겨우 열고 나온 사람이 얻은 자유는 분명히 다른 차원입니다.

인도 후기밀교를 대표하는 성전인 〈헤바즈라 탄트라〉에서도 해탈은 속박을 통해서 온다고 나와 있습니다.

"이 세상을 속박하고 있는 바로 그 구속력을 통해서
우리는 이 세상으로부터 자유로울 수 있다.
그러나 이 세상 전체가 지금 전도되었기 때문에 이를 모르고 있다.
'해탈은 속박을 통해서…'라는 이 진리의 길을 인정하지 않는다면 그대는 결코 완전한 성취(해탈)에 이르지는 못할 것이다."

오늘 하루 너무나 힘들었습니까?

힘들었던 크기만큼 진리의 길을 깨달을 수 있는 해탈과의 거리가 가까워져 있다고 생각하십시오. 진리는 많이 깨닫는 자의 몫이고 해탈에 이르는 가장 바른 길입니다.

부처님의 은혜를 느껴보세요

관불삼매(觀佛三昧)가 있다. 즉 부처님은 법왕이 되어 사람들로 하여금 갖가지 선한 법을 얻게 한다. 그러므로 좌선하는 사람은 먼저 부처님을 생각해야 한다. 부처님은 사람들의 한량 없는 죄를 희박하게 하고 온갖 선정을 얻게 한다. 그러므로 지극한 마음으로 부처님을 생각하면 부처님도 또한 사람을 생각한다. 왕의 애호를 받으면 원수나 빚쟁이가 침노하지 못하는 것처럼 부처님을 생각하는 것도 그와 같아서 어떤 악법들도 어지럽히지 못한다.
-오문선경오용법

〈법화경〉에는 "아무리 마음이 산란할지라도 저 탑묘에 들어가 나무불이라 한 번 부르면 그들은 모두 다 불도를 이루리라."라고 나와 있습니다.

세파에 찌들어 지친 몸을 이끌고 더 이상 찾을 곳이 없어 마지막으로 부처님을 한 번 찾았다 해도 부처님은 두 팔로 안아주실 것입니다. 그리고 어느 새 마음의 평화로움을 느낄 수 있을 것입니다.

이것이 성철 스님이 주장하셨던 돈오돈수(頓悟頓修) 사상이 나타나는 일례가 될 수도 있을 것입니다. 여기서 돈오돈수(頓悟頓修)란 '단번에 깨닫고 단번에 닦는다.'는 의미입니다.

부처님을 모시는 정성을 다한다면, 부처님의 선한 법을 얻어

죄를 감할 수 있을 것입니다. 우리의 삶은 죄에서 조금씩 벗어나는 순간 자유로운 영혼으로 재탄생할 수 있습니다.

부처님은 처음부터 존재하던 신이 아니라 같은 인간이었기에 인간의 마음을 더 잘 이해해 주실 것입니다. 부처님의 깨달음을 이어 받아 그것을 실천하신 법정 스님이나 성철 스님이 극진히 부처님을 모셨던 것도, 부처님의 은혜를 충분히 알고 있었기 때문입니다. 또한 법정 스님과 성철 스님은 부처님의 은혜를 깨닫는 것에 그치지 않고 속세에 빠져 어리석은 놀음에 섞여 있는 중생들을 깨우치는데 온힘을 다 쏟으셨습니다.

불교에서는 타종교를 비방하거나 적대시하지 않습니다. 오히려 상호교류를 통해 공감대를 형성하여 더 큰 의미를 만드는 것에 노력을 아끼지 않았습니다. 성철 스님과 법정 스님도 마찬가지입니다. 종교적인 면에서 어떤 것에서도 선을 긋지 않았습니다.

경계 없는 의식 속에서 자유롭게 활동하셨습니다. 성철 스님과 법정 스님의 선입견 없는 종교 생활은 더 많은 사람들의 귀감이 되기도 하였습니다.

어느 종교에 믿음을 두었던지 종교적 기본 정신을 생활에 실천하면서 사는 것이 중요합니다.

기독교에서 사랑을 중요시 여긴다면 사랑을 실천해야 옳을 것이고, 불교에서 자비를 중요시 여긴다면 자비를 실천하는 삶이 옳을 것입니다. 사실 표현 방식의 차이일 뿐이지 어느 종교에서나 기본적인 개념은 인간의 마음으로부터 오는 선한 마음을 실천하는 데에 있습니다.

성철 스님과 법정 스님도 자비로운 부처님의 은혜를 선한 마음에 담아 끝까지 보답하려 노력하셨습니다. 스스로 자유의지에 따라 더 많은 사람이 자유를 얻은 기쁨을 느끼게 하기 위함입니다.

〈원각경〉에는 "헛것인 줄 알았으면 곧 떠나라. 헛것을 떠나면 그것이 곧 해탈이다."고 나와있습니다. 마지막 남은 껍데기에서 벗어나면 아무것도 남은 것이 없듯이 우리가 사는 인생은 결국 아무 것도 남김이 없는 공의 상태입니다.

하나라도 더 갖겠다고 욕심 부리며, 남보다 앞서겠다고 몸부림치는 모든 것이 허공에서 허우적거리는 행태임을 알고 더 이상 어리석은 판단으로 죄 짓지 않는 삶을 살아야 할 것입니다.

부처님 뜻에 따라 생각하고 행동하며, 정성껏 부처님을 모시는 사람은 자유의 세계인 극락으로 가는 길이 환히 밝혀질 것입니다.

| 8장 |

사랑

누구를 모셔야 할까요
사랑하는 만큼 놓아 주세요
주는 마음이 평화를 가져옵니다
속 얼굴을 본 적이 있으신지요

누구를 모셔야 할까요

> 두 가지 법이 있으니 범부가 그것을 행하면 큰 공덕을 얻고 큰 과보를 성취하고 감로를 얻어서 무위의 경지에 이르게 될 것이다. 어떤 것이 두 가지 법인가. 첫째는 부모에게 공양하는 것이요, 둘째는 일생보처보살에게 공양하는 것이니 이 두 가지를 실천하면 큰 공덕을 얻고 큰 과보를 성취할 것이다. 그러므로 비구들이여, 항상 부모에게 효순하고 공양하기를 생각하라. 이와 같이 공부하여야 하느니라.
> ―증일아함경

5월이 되면 '가정의 달'이라 칭하여, 가족을 돌아보는 계기를 만들어줍니다. 특히 어버이날에는 이러 저리 고개만 돌려도 카네이션이 보입니다. 저마다 꽃바구니 하나씩 들고 부모님을 찾아뵈는 모습도 쉽게 볼 수 있습니다. 카네이션의 꽃말은 사랑과 존경이라고 합니다. 마음에 고마움을 가득 담아 부모님께 드릴 수 있는 기회의 꽃이기도 합니다.

부모란 어떤 존재일까요.

단순히 낳아주시고, 길러주신 존재일까요.

〈불설정반왕반열반경〉에 의하면 부처님은 내세에 사람들이 포악해져 부모가 길러준 은혜에 보답하지 않고 불효할 것을 아시고, 불효한 이들을 위해, 또 내세의 모든 중생을 위하여 예법을 세워야 하겠으므로 당신 스스로 정반왕의 관을 메고 화장터로 가시려 하셨다고 합니다. 그때 사천왕들이 부처님의 뜻을 알고 부왕의 관을 메기를 청하자 부처님께서 허락하셨다고 합니다. 그리고 부처님께서는 위엄의 빛을 더욱 나타내어 스스로는 행로를 잡고 관 앞에 서서 장지로 행하셨다고 합니다.

부처님은 부모님의 은혜를 중시 여기셨습니다. 형편이 어렵다는 이유로 부모를 오지에 버리고 오는 자식, 용돈을 주지 않는다는 이유로 부모를 때리고 목숨까지 잃게 하는 자식…… 요즘 날로 늘어가는 이 '패륜아'를 보면서 부처님의 생각을 더욱더 깊이 하게 됩니다.

자식을 사랑하지 않는 부모는 없습니다. 하루 종일 손발이 터져라 일을 하고, 저녁에 배고픔을 견디며 따뜻한 밥 한 끼를 차렸어도 자식의 손에 먼저 숟가락을 쥐어주는 게 부모의 마음입니다. 어쩌면 부모는 자식을 처음부터 모시고 살았던 존재가 아닌가 싶습니다.

자식은 부모의 마음을 얼마나 헤아릴 수 있을까요.

나이가 들어 자기 자식을 낳아 키우면서도 부모의 마음을 다 따라가지 못하는 것이 자식입니다. 화수분 같은 부모의 사랑을 당연시 여기면서, '내 자식'이 부모보다 더 귀하다고 생각하는 이기심이 바탕에 깔려있기 때문입니다.

성철 스님은 '집집마다 부처님이 계시니 이는 곧 부모님'이라고 말씀하셨습니다. 그리고 부모님을 잘 모시는 것이 참불공이라고 하셨습니다.

사실 효도하는 자식보다 많은 것이 불효하는 자식입니다. 부모 마음을 한 번도 상하지 않게 한 자식은 거의 없을 것입니다. 우리 몸의 근본 뿌리는 부모입니다. 이 사실은 항상 염두에 두고, 결코 잊어서는 안 될 것입니다. 뿌리 없는 나무가 없듯이 근본을 버린다면 껍데기만 있는 것과 같습니다.

자식에 대한 부모의 사랑이 무한대라면, 그 사랑을 죽을 때까지 다 갚지 못하는 것이 자식입니다. 부처님을 제외한 세상 어느 누가 우리에게 무한대의 사랑을 줄 수 있을까요.

〈지장보살본원경〉에는 '부모의 뜻을 어기고 행패부리는 자는 천재지변의 재앙과 죽음의 과보를 받는다.', '부모에게 악독한 짓을 하는 자는 후생에 서로 바뀌어 태어나 매 맞는 과보를 받는다.'라고 되어 있습니다.

꼭 벌을 받지 않기 위해서가 아니라도, 부모를 공경하고 모시는 것은 당연한 의무이자, 덕을 쌓는 길입니다. 내 자식이 소중한 만큼 부모님의 자식 사랑도 새겨봄이 옳은 것입니다.

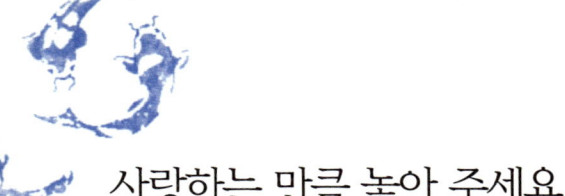

사랑하는 만큼 놓아 주세요

사랑은 고뇌의 시작이다.
그러나 그것은 동시에 우리의 생명력 속에 잠재해 있는
영원성의 개화(開花)현상이다.
—이취경

어느 집안이든 형제간에 다툼이 있을 때 사람들은 대수롭지 않은 듯 이렇게 말씀하십니다.

"다 싸우면서 크는 거야."

이성에 눈을 뜨고 남녀 간의 사랑이라는 것을 알게 되었을 때는 또 이렇게 말씀하십니다.

"다 아프면서 성숙해지는 거야."

일례를 든 것이지만, 우리의 삶 속에는 전쟁이라고 해도 과언이 아닐 만큼 사건사고가 많습니다. 그 전쟁 같은 사건사고를 겪으면서, 하나씩 깨우쳐가기도 하지만 전쟁을 치르는 순간부터 고통은 자연스레 따라옵니다.

특히 사랑은 고뇌의 시작이라고 합니다. 사랑에 빠지면 이미 마음은 흐트러지고, 머릿속은 복잡해집니다. 판단력이 흐려져 '제 눈에 콩깍지'라는 말까지 있습니다. 하지만 그 힘든 감정을 항상 놓치지 않으려 합니다. 고통을 감수하더라도 사랑받고, 사랑하고 싶어 합니다.

그런데 이 사랑이라는 것은 방향을 잘못 잡으면, 엉뚱한 곳으로 흘러가 버립니다. 이것이 집착입니다. 집착은 모든 이들을 가둬놓는 감옥과 같습니다. 일단 감옥에 갇히면, 넓은 바깥 세상은 볼 수가 없습니다. 우울한 고통 속에서 삶에 회의를 느끼게 됩니다. '사랑은 고뇌의 시작'이라는 말이 성립되는 이유 중 하나가 바로 집착입니다.

법정 스님은 속세의 많은 사람들이 사랑과 집착을 혼동하고 있다고 말씀하셨습니다. 집착은 사랑이 아니라 이기적인 욕구이며, 이 욕구로써 사랑을 잘못 이해하고 있는 것을 안타까워 하셨습니다. 참사랑은 주는 것이지 받는 것이 아니라고 합니다. 법정 스님은 줄수록 더욱 맑고 투명해지는 것이 사랑이라 하셨습니다. 그래서 주는 사랑에는 집착이 있을 수 없다고.

집착이 없으면 괴로움도 사라집니다. 그래서 법정 스님은 몸에 대한 관찰이 이뤄져야 한다고 말씀하셨습니다. 자기중심적인 이기심에서 벗어나려면 몸을 샅샅이 관찰하여 눈앞에 드러내 놓아 보라고 하셨습니다.

몸은 지(地), 수(水), 화(火), 풍(風) 네 가지로 이루어져 있다고 합니다. 소를 잡아 사지를 떼어 놓듯이 몸을 네 요소로 나눠 눈앞에 드러내 놓으면 '나'라는 고집이나 집착이 없어진다고 합니다.

진정한 사랑을 깨닫기 위해서는 법정 스님 말씀처럼 나누어진 자신의 몸을 관찰함으로써 '객관적인 나', '소유에서 벗어난 나'로 다시 태어나야 합니다.

사랑은 '살아있다'는 증거가 되는 바람직한 감정입니다. 세상에서 가질 수 있는 가장 숭고하고, 영험한 감정이 바로 사랑입니다. 내 가족, 이웃, 민족, 종교 등 모든 것이 사랑에서 시작되어야만 완전한 테두리가 갖춰지는 것입니다.

하지만 사랑에 집착이 달라붙어 있다면, 오히려 존재 자체를 느끼지 못하는 것이 나을지도 모를 일입니다.

애초에 사랑의 감정이 없다면 집착도 없을 것이며, 이에 따른 고통도 없었을 것입니다. 그런데 우리는 늘 사랑을 껴안고 살고 있습니다. 이 고통스런 감정과 함께 하면서 때론 미움까지도 받아들여 버립니다. 모든 것이 집착에서부터 오는 감정오류입니다.

누군가를 간절히 사랑한다면, 마음으로부터 자유를 주십시오.

사랑받는 이도, 사랑하는 이도, 아무에게도 소유되지 않도록 마음으로부터 풀어줄 때 우리는 진정한 사랑을 지속시킬 수 있습니다.

얼마나 사랑하느냐는 얼마나 놓아줄 수 있느냐에 달려 있습니다. 지금 우리가 하고 있는 사랑이 허상으로 끝나는 일이 없도록, 영원히 꽃을 피울 수 있도록 이기적인 집착에서 완전히 벗어나야 할 것입니다.

주는 마음이 평화를 가져옵니다

사랑하는 대상은 설사 그가 천한 사람이라 할지라도 모두 평등하다.
사랑에는 차별이 없기 때문이다.
—본생경

온바오닷컴에는 한 대학 교수 부부가 흉기를 들고 부부싸움을 벌이다 남편이 숨지고 부인은 중상을 입었다는 기사가 나왔습니다. 중국 베이징에 있는 대학의 교수 부부라 하는데 평소 싸움이 잦던 이 부부는 사소한 말다툼 끝에 서로의 감정이 격해지며, 흉기를 휘둘러 끝내는 이런 참상을 낳았다고 합니다.

부부라는 것은 결혼이라는 적법한 절차에 따라 연을 맺고, 서로 존중하면서 평생 지켜나가도록 노력하는 존재입니다. 많은 하객들 앞에서 식을 올리는 이유 중의 하나도 형식적으로나마 이 약속을 공언함으로써 의지를 굳혀나가겠다는 의미입니다.

물론 살다보면 서로 다툼이 없을 수는 없습니다. 사랑이라는 이름으로 시작했어도 날마다 의견과 성격이 맞을 수는 없는 일입니다.

하지만 그럴 때마다 대놓고 자기 의견만 내세울 수는 없는 노릇입니다. 평생을 같이 살아가려면 서로 한 발자국 뒤로 물러서서 양보하는 노력이 필요한 것입니다.

성철 스님은 "베풀어주겠다는 마음으로 고르면 아무하고나 상관없다. 덕 보겠다는 마음으로 고르면 제일 엉뚱한 사람을 고르게 된다."고 말씀하셨습니다. 스스로 아무런 노력 없이 상대가 해주기만을 바라고 성사된 만남은 고르지 못하기 때문에 틀어지기 마련입니다. 덕을 본다고 생각하지 않고 오히려 주겠다는 마음으로 사람을 대한다면, 성격이 맞지 않다고 헤어지는 일은 없을 것입니다.

성철 스님은 생전에 주례사에서 이런 말씀을 남기셨습니다.

"일단 아내와 남편을 우선시 할 것, 두 번째 부모를 우선시 할 것, 세 번째 자식을 우선시 할 것, 이렇게 우선순위를 두어야 집안이 편안해집니다. 그리고 나서 사회의 여러 가지도 함께 기여를 하셔야 합니다. 이러면 돈이 없어도 재미가 있고, 비가 새는 집에 살아도 재미가 있고, 나물 먹고 물 마셔도 인생이 즐거워집니다. 즐겁자고 사는 거지, 괴롭자고 사는 것이 아니니까, 두 부부는 이것을 중심에 놓고 살아야 합니다. 그래야 남편이 밖에 가서 사업을 해도 사업이 잘되고, 뭐든지 잘됩니다. 그런데 돈에 눈이 어두워 가지고 권력에 눈이 어두워 가지고, 자기 개인의 이익에 눈이 어두워 가지고 자기 생각 고집해서 살면 결혼 안 하느니보다 못합니다. 그러니 지금 좋은 이 마음 죽을 때까지 내생에까지 가려면 반드시 이것을 지켜야 합니다. 이렇게 살면 따로 머리 깎고 스님이 되어 살지 않아도, 해탈하고 열반할 수 있습니다. 그것이 대승보살의 길입니다. 제가 부주 대신 이렇게 말로 부주를 하니까 두 분이 꼭 명심하시기 바랍니다."

성철 스님의 말씀처럼 결혼 생활을 하는 데 있어 우선순위를 두면 집안의 질서가 바로 잡힙니다. 질서가 있는 집안은 순서를 항상 염두에 두고 있기 때문에 가정 구성원 각자가 스스로 알아서 자기 할 일을 찾아갑니다. 흔히 말하는 '콩가루 집안'은 집 안에 질서가 잡히지 않아 순서 없이 뒤죽박죽 섞이기 때문에 나온 말입니다.

모든 일은 마음가짐이 중요합니다. 결혼은 인생의 가장 큰 경사라고 말하고 있지만 정작 그 경사에 치르는 책임에 있어 중요성을 잊고 살 때가 있습니다. '처음처럼'이라는 말 얼마나 좋습니까. 늘 처음의 마음가짐으로, 처음 그 사람을 사랑했던 마음으로 서로를 감싸준다면 다툼이 있기 이전에 상대에 대한 배려심이 생길 것입니다.

부부의 인연은 사랑으로 시작한 책임입니다. 평생을 함께 책임을 다하며 살아가면서 사랑의 결실을 이루게 되는 것입니다.

"너는 참 아름답게 늙어가는 구나."라는 말을 듣고 싶으신지요. 사랑으로 갈아온 밭에서 열심히 열매를 맺도록 노력하십시오. 나이 들어 생긴 주름살까지도 아름다움이 스며들어 보는 이로 하여금 편안함을 줄 수 있을 것입니다.

속 얼굴을 본 적이 있으신지요

부처의 깨달음은 어디서 구해야 합니까.
모든 중생의 마음에서 구해야 할 것입니다.
―유마힐경

"사랑은 자기 인생의 참의미를 깨닫지 못한 사람에게는 다가오지 않는다."라고 톨스토이는 말했습니다. 자신을 소중히 여기지 않는 사람은 남에게도 인색합니다. 내 자신이 행복해야 자연스럽게 기분도 좋아지고 그 기운은 공기를 통해 다른 사람에게 전해집니다. 사랑도 마찬가지입니다. 자신을 사랑하여 몸을 소중히 여기고, 인생을 아낀다면 다른 이의 인생도 소중하게 느껴질 것입니다.

이것은 자기중심의 이기적인 사랑과는 완전히 다른 개념입니다. 남에게 상처와 피해를 주며 자기만을 주장하고, 자기중심적인 것이 이기적인 것입니다. 자신을 사랑할 줄 아는 사람은 남이 그 스스로에게 하는 사랑도 인정하며 같이 나눌 수 있는 마음을 가지고 있습니다.

어떻게 하면 자신을 사랑할 수 있을까요. 먼저, 자신에 대해 아는 것이 중요하다고 합니다.

법정 스님은 '산에는 꽃이 피네'를 통해 이런 말씀을 하셨습니다.
"나는 누구인가, 스스로 물으라.
자신의 속 얼굴이 드러나 보일 때까지
묻고 묻고 또 물어야 한다.
건성으로 묻지 말고 목소리 속의 목소리로
귀 속의 귀에 대고 간절하게 물어야 한다.
해답은 그 물음 속에 있다."

자신의 속 얼굴을 본 적이 있습니까? 둘 이상의 사람이 모이면 남의 얘기는 너무나 쉽게 얘기합니다. 남의 속을 알지도 못하면서, 마치 그에 대해 다 아는 양 서로 떠들어댑니다. 하지만 정작 자신에 대해서는 섣불리 말하지 못합니다. 말하고 싶지 않은 것도 있지만, 잘 알지 못해서일 경우도 있습니다.

자기 자신의 '마음'을 잘 알지 못할 때가 있습니다. 어떨 때는 전혀 다른 자신의 모습을 보며 스스로가 놀랄 때도 있습니다. 그리고 본인의 마음을 헤아리지 못했을 때 혼란에 빠지면서, 다른 이에게 도움의 손길을 뻗치기도 합니다.

법정 스님은 자신과의 대화를 말씀하셨습니다. 물음엔 항상 답이 있기 마련입니다. 내 자신에게 물으면 자신이 대답할 것입니다. 굳이 거울을 보지 않아도 마음으로 간절하게 오감을 전해보십시오. 물음에 대한 답이 조용하게 들려올 것입니다.

그러면서 자신과 자신의 영혼이 일치될 때 비로소 깨달음과 만나게 될 것입니다. 이 깨달음은 자신의 속 얼굴을 만날 수 있도록 도와줍니다. 얼굴은 결코 보이는 면에만 충실하지 않습니다. 오히려 보이지 않는 자신의 속 얼굴을 보았을 때 더 편안함을 느낄 수 있습니다. 그리고 자신과 더욱 가까워지는 계기를 만들어 줍니다.

누구보다 더 가까워진 얼굴을 보며 새로운 사랑을 느낄 수 있을 것입니다. 세상에서 가장 소중한 사람은 자기 자신입니다. 자신이 없으면 모든 가치는 저절로 사라집니다. '나를 사랑하는 나의 속 얼굴' 한 번 깊숙이 들여다보는 것도 삶의 답을 얻는 데 도움이 되리라 봅니다.

자신의 물음에 대한 속 대답을 들을 수 있도록 노력하십시오.

사랑의 마음으로 들여다 본 속 얼굴에는 진실만이 나타나기 때문에 아무리 많은 이야기를 해도 다 들어줄 수 있습니다. 인간의 속 얼굴은 거짓을 말하는 법이 없습니다. 이제 마음으로 자신의 얼굴과 참대화를 나눌 시간입니다.

9장
행복

'행복의 통로' 만들고 계신가요
인격의 잔을 준비 하세요
'바로 지금'이 가장 소중한 시간입니다
얻는 것은 순간이요, 깨달음은 영원 합니다

'행복의 통로' 만들고 계신가요

다른 이를 존경하고 스스로 겸손하며, 만족할 줄 알고 은혜를 생각하며,
시간이 있을 때면 가르침을 들어라. 이것이 인간에게 최상의 행복이다.
참고 온순하며 스스로를 제어하고 청정한 행을 닦아 불멸의 진리를 깨닫고,
마침내 열반을 이룰 수 있으면, 이것이 인간에게 최상의 행복이다.
—대길상경

아침 지하철 풍경은 가장 예의 바른 그림이 만들어지곤 합니다. 길게 자리를 잡고 앉아 서로를 마주보며 눈을 감고 깊은 꿈나라로 빠지며 자기도 모르게 상대편에게 인사를 주고받기도 하고, 옆 사람의 어깨를 빌려 자연스레 친한 사이가 되기도 합니다. 본의 아니게 현대인의 삶 속에 없어서는 안 되는 배려의 풍경이 되어 버리는 시간입니다.

어느 역에서 한 사나이가 들어옵니다. 남루한 옷차림과 코를 막을 정도로 심각한 그만의 향은 잠들었던 모든 사람을 깨우기에 충분합니다. 흔히 말하는 노숙자입니다. 마침 하나 남았던 자리에 그가 앉자 그 주변 모든 사람들이 약속이나 한 듯이 일어나

다른 곳으로 가버립니다. 그는 자신을 피해가는 사람들을 쳐다보며, 일그러진 얼굴로 쏘아보았습니다.

그리고 잘 알아들을 수 없는 그만의 언어는 이어집니다.

"지금 대한민국이 얼마나 어려운 때인지를 아십니까?"

사람들의 시선은 온통 그를 향해 쏠려 있었고, 한참 후 50대쯤 되어 보이는 중년 신사가 그의 옆자리에 앉습니다. 그리고 거듭 중얼거리는 그가 거슬리지만 굳이 자리를 옮길 생각은 없는 듯 자리에서 일어서려다가 행동을 멈춥니다.

그러자 노숙자는 옆자리에 있던 중년의 그 사람을 향해 질문을 던지기 시작합니다.

"지금의 정치에 만족하십니까?"

"……"

"아님 국민이 지금 해야 할 일이 무엇이라고 생각하십니까?"

"……"

아무리 질문을 거듭해도 중년의 그 신사는 말이 없습니다.

그러자 노숙자는 민망한 듯이 중년 신사를 힐끗 보고는 마지막 질문을 남깁니다.

"지금 행복하다고 느끼십니까?"

이 질문에 순간적으로 그 신사와 상황을 보고 있던 모든 사람들은 일제히 노숙자를 쳐다봅니다. 그리고 그 중년의 신사도 뜻밖의 질문에 대한 답을 생각을 하는 듯이, 표정에 심각성을 띄는 얼굴이 됩니다. 그 중년 신사가 생각하는 시간에 끝내 아무런 답을 얻지 못한 노숙자는 자리를 떠나고 다른 칸으로 옮겨갑니다.

놀랍게도 자리를 뜨는 노숙자를 처음으로 쳐다보며, 중년의 그 신사는 남겨진 숙제를 하는 것처럼 멍해집니다. 모두가 꺼려했던 그 노숙자의 한 마디는 아침나절 아무런 생각 없이 각자의 목적지만을 위해 단잠만을 자고 있던 사람들에게 하나의 메시지를 준 것입니다.

노숙자의 말대로 과연 행복이란 무엇일까요.

우리는 지금 행복한 것일까요?

법정 스님은 "행복할 수 있는 비결은 필요한 것을 얼마나 갖고 있는가가 아니라 불필요한 것에서 얼마나 자유로워져 있는가 하는 것"이라고 말씀하셨습니다. 또한 "위에 견주어 모자라고 아래에 견주면 남는다."라는 말이 있듯 행복을 찾는 오묘한 방법은 자신 안에 있는 것이라고 하셨습니다.

결국 행복은 자기 안에서의 불필요한 욕심을 버리고 소유의 틀에서 벗어나 정신의 문을 열고 들어가는 것이라고 합니다. 즉, 정신의 문에서 작은 것을 소중히 여기고 만족하는 마음을 느낄 때 비로소 행복을 느낄 수 있다는 점을 강조하셨습니다.

  욕심을 버리는 삶……

  움켜쥐고 있는 우리의 삶에서 보다 자유로운 영혼으로 깨어나는 것만이 진정한 행복의 의미를 가지고 느낄 수 있는 통로를 만들 수 있다는 말씀…… 과연 우리의 통로는 어느 정도 만들어져 있을까요.

인격의 잔을 준비하세요

> 현명한 사람은 자기 자신과 동등한 무리들 속에 있다고 말하지 않고
> 자신보다 수준 낮은 무리들 속에 있다고도 하지 않으며
> 또한 자신보다 나은 무리들 속에 있다고도 하지 않는다.
> 그는 평온한 곳에 이르렀으며 헛된 욕심의 꿈에서 깨어났다.
> 그러므로 그는 그 어떤 것이라도 붙잡거나 거부하지 않는다.
> ―숫타니파타

시간은 부지런히 달려 봄을 재촉하지만 올 겨울은 유난히 텃새를 이어 갔습니다. 그런데도 사람들은 '봄'이라는 이름을 기다리고 그에 따라 봄꽃을 보려는 마음을 참지 못하고 여기저기 아름다운 꽃놀이를 즐기며 자연의 아름다움에 향기까지 가져가려 합니다.

누군가에게 약속이나 한 듯 하나둘씩 생명력을 피워내는 자연을 보며 무한한 기쁨을 느낍니다. 이럴 땐 세속의 모든 번뇌나 갈등이 일시적으로나마 정지되어 마음속까지 깨끗하게 정화되는 느낍니다.

하지만 우리가 느끼는 정서적 안정은 그리 오래 가지 못하는 것이 대부분입니다.

"마음 마음 마음이여, 알 수 없구나.

너그러울 때에는 온 세상을 다 받아들이다가도

한 번 옹졸해지면 바늘 하나 꽂을 자리 없으니."

〈달마〉

이렇게 기분이 한 때 좋아져 모든 것을 용서할 수 있을 것처럼 느끼다가도 어느 덧 현실에 부딪치면 전혀 딴 사람처럼 변하기 일쑤입니다. 과연 무엇이 이렇게 다른 사람으로 만들어 버리는 것일까요.

성철 스님은 행복은 인격에 있지 물질에 있지 않다고 말씀하셨습니다. 아무리 부유하더라도 인격이 부족하면 불행하고, 궁핍하더라도 인격이 훌륭하면 행복하다고 하셨습니다.

가진 돈이 많고 남들이 부러워하는 명예를 모두 가졌다 해도 스스로 행복하다고 느끼지 못하면 그것은 오히려 가장 큰 불행입니다. 아름다운 것을 볼 줄 알고, 그것을 느낄 줄 아는 눈을 가졌다면 소소한 일에서도 행복을 느낄 수 있습니다. 자신의 목적지만을 위해 가는 사람은 바로 옆의 행복을 알지 못합니다. 너무 빨리 걸어도 마찬가지입니다.

달리는 경주 말이 옆을 보지 못하고 무조건 결승점만을 위해 뛰는 것처럼 말입니다. 천천히 걸으며 우리가 볼 수 있는 모든 것을 살피면, 그 속에서 평소에 느낄 수 없었던 깨달음을 얻을 수 있습니다. 깨달음 속에서 우리 자신이 얼마나 헛된 욕망으로 덧없이 살고 있는지를 알 수 있습니다. 이것이 바로 인격입니다.

인격이 바로 된 사람은 불평과 불만을 일삼지 않습니다. 오히려 마음의 여유에서 비롯된 자비심으로 다른 사람들한테도 행복을 전해줍니다. 우리는 모두 행복해야 합니다.

행복이 모든 이의 소망이 되는 것은, 밤하늘의 별처럼 항상 멀리 있다고 생각하기 때문일 수도 있습니다. 하지만 우리가 느끼지 못하는 것이지, 적어도 하루에 한 번은 웃을 수 있는 행복이 주변에서 항상 기다리고 있습니다.

단지 욕심 많은 자가 보지 못하듯, 행복을 높은 별이라 생각하는 자가 보지 못하듯, 자신 주변의 기쁨을 느끼지 못하는 사람의 손에 쉽게 잡히지 않는 행복만의 특성이 있기 때문입니다.

성철스님 말씀처럼 인격은 행복의 생명력을 연장시킵니다. 남들이 부러워하지 않는 상황에서도 인격이 살아있다면 그 행복은 쉽게 그 사람을 떠나지 못합니다. 행복은 채우고 싶은 사람의 잔에 채워지는 것이지, 제대로 갖춰지지 않은 사람의 잔에는 채워지지 않습니다.

　행복을 위한 예쁜 인격의 잔을 만들어, 행복이 충분히 들어갈 수 있도록 준비해 두십시오.

'바로 지금'이 가장 소중한 시간입니다

숲속의 사슴이 사슬 없이 먹이를 찾아 여기저기 다니듯이
지혜로운 이여, 독립과 자유를 찾아 무소의 뿔처럼 혼자서 가라.
―숫타니파타

우리는 항상 꿈을 꾸며 삽니다. 어릴 적부터 꿨던 꿈을 생각하며 그것을 목표로 삼아 그대로 이어가는 사람이 있는가 하면, 아직도 이루지 못한 꿈을 생각하며 막연하게 동경하는 사람도 있습니다. 그리고 때로는 이미 이뤄진 꿈에 대해서 회의감을 느끼기도 하고, 꿈의 소중함을 잃어가기도 합니다.

생각해보면 꿈꾸고 있었을 때의 그 설렘, 새로운 시작을 행동에 옮겼을 때의 뿌듯함을 고스란히 세월과 함께 묻어버리는 것을 알지 못하고 그냥 지나가 버리기도 합니다. 그러면서 나이를 먹고 어느 날 거울 속의 자신을 보게 됩니다.

젊은 시절 시작의 즐거움에 생생했던 얼굴은 사라지고, 세월에

맞는 주름살이 훤하게 보입니다. 거울 속의 우리는 절망을 느끼며 뭔가 다시 하고 싶은 마음을 가질 용기를 내지 못합니다.

하지만 우리는 어렴풋이나마 분명히 기억하고 있는 것이 있습니다. 꿈을 이루기 위해서 막 시작했을 때의 행복감! 한 계단 한 계단 올라서면서 느꼈던 쾌감과 성취감……

그것은 나이에 상관없이 누구에게나 가질 수 있는 꿈입니다.

법정 스님은 영혼의 나이를 말씀하셨습니다. 영혼의 나이는 영원히 늙지 않아 어느 나이에 상관없이 시작하려는 의지만 있다면 새롭게 시작해야 한다고 강조하셨습니다.

'빨리빨리'에 익숙해져버린 현대인들이 육신의 나이에까지 조급증을 가지고 있는 것을 안타까워하신 것입니다.

육신의 젊음에는 열정이 있다고 하지만 육신의 노인에게는 열정의 깊이가 있습니다. 육신의 젊음이 있을 때 겪었던 '경험'으로 인한 지혜인 것입니다. 육신의 젊음은 열정에 비해 욕심이 앞서는 경우가 많아 실패의 경험을 자주 겪게 되기도 하지요.

"젊으니까 기회는 또 있어."라고 흔히 말하지만 그 기회는 바로 세월 속에 있는 것입니다. 육신의 세월이 경험의 실패를 줄이고, 새로 시작할 수 있는 토대를 만드는 것입니다. 법정 스님의 말씀대로 영혼의 나이는 멈춰있기에 남녀노소 누구나가 행복할 수 있는 자유가 언제나 열려있습니다. 육신의 젊음을 뒤돌아보기 이전에 영혼의 젊음을 만끽하며 지금부터 충분히 누려보십시오.

하지만 어느 시기에나 중요한 것은, '지나간 시간은 돌아오지 않는다.'는 것입니다. 시간은 항상 흘러가기 마련입니다. 우리가 기억하는 세속의 나이는 누구도 막을 수 없습니다. 그러기에 매 순간 후회 없이 잘 살 수 있도록 노력해야 합니다.

법정 스님은 병상에 누워계실 때 지나온 시간을 되돌아보며, 순간순간의 삶이 중요하다고 말씀하셨다고 합니다. 삶이란 순간순간의 존재로 이어지기 때문입니다. 우리의 삶은 일순간 정지되는 것이 아닙니다. '지금'이라는 시간이 연이어지며 인생의 한 장을 연결하는 길을 여는 것입니다.

돌아보며 후회를 일삼기 보다는 지금의 삶에 충실하여 보다 나은 '순간'을 만들어 가는 것이 옳은 길일 것입니다. 우리는 세월에 늙어가도 영혼의 나이를 빛낼 수 있는 가능성을 지닌 사람들입니다. 영혼의 나이로 새로운 힘을 얻어 소중한 시간 속에 자신의 꿈을 싣는다면, 생의 행복은 웃는 얼굴로 다가올 것입니다.

얻는 것은 순간이요, 깨달음은 영원합니다

> 고통의 원인은 탐욕이다.
> 세상의 즐거움이란 결국 고통 아닌 것이 없다.
> 탐욕은 어리석은 사람이나 하는 것.
> 모든 고통과 근심은 바로 탐욕에서 생기는 것이다.
> ─화엄경

성철 스님은 '행복에는 영원한 것과 일시적인 것이 있다'고 말씀하셨습니다. 부처님같이 도를 깨쳐서 생사해탈하는 것이 영원한 행복이고, 이 세상 오욕(五欲)의 낙을 얻는 것이 일시적인 행복이라고 말입니다.

불교에서 오욕이란 재물, 색정, 음식, 명예, 수면의 다섯 가지에 대한 욕심을 말합니다. 그중에서 특히 우리는 재물에 대한 욕심을 가장 많이 가지고 있습니다. 재물에 눈이 어두워 남을 업신여기고, 해하며, 심지어는 자식들에게까지 그 욕심을 물려주는 경우도 있습니다. 하지만 재물을 얻고 난 후에도 욕심은 그치지 않고 마음의 평정은 찾을 수가 없습니다.

이루고 싶은 것을 이루고 가졌지만 채워지지 않는 공허함은 왜 일까요.

성철 스님의 말씀처럼 세속의 욕심은 순간의 만족일 뿐입니다. 욕심에서 벗어나 스스로 만족할 수 있도록 도를 깨치는 것이 영원한 행복을 누릴 수 있는 것입니다.

"고금의 영웅 가운데 영웅으로 추앙받는 나폴레옹도 절해의 고혼이 되었고, 만리장성 높이 쌓아올려 천만 세를 누리려던 진시황의 일대제국도 몇 년 안에 풍전등화로 사라졌으니, 부귀허영의 꿈을 안고 이리저리 날뛰는 어리석은 무리들이여! 눈을 들어 본래불(本來佛)의 장엄한 세계를 바라봅시다."

성철 스님의 말씀입니다.

세속에서 아무리 부귀영화를 누리던 사람들도 그것이 모두 허영의 꿈임을 깨닫고, 부질없음을 느껴야 합니다. 욕심으로 인해 누렸던 행복은 그리 오래 가지 못합니다. 오히려 그 과정에서 오는 고통이 행복의 허무함을 더할 뿐입니다.

인간의 궁극적인 목표가 '행복'인 것은 맞습니다. 행복하지 않은 삶은 고통일 뿐입니다. 우리는 아직도 굶주린 어린아이처럼 늘 배고픔을 느끼며 불행하다고 여기고 사는지도 모릅니다.

부처님처럼 해탈의 경지에 이르는 것은 멀고도 험한 길이라 생각하지만 생활 속에서 하나하나 실천해 간다면 가능성은 충분히 열려 있습니다. 즉 행복의 문은 활짝 열려 있는 데 섣불리 그 문을 통과할 용기를 내지 못하는 것이 사람인 것입니다.

특별한 사람만이 욕심을 버리고 자신을 돌아보며 달관의 삶을 사는 것은 아닙니다. 무조건 버리라는 것이 아니라 그 이전에 깨달음을 알고, 공허함을 물리칠 수 있다면 행복은 항상 우리의 곁에 머무를 것입니다.

맑은 물은 그냥 얻어지는 것이 아닙니다. 깔때기를 대고 정성을 들여 물을 부어야만 더러운 흙은 걸러지고, 깨끗한 물을 마실 수 있는 것입니다.

우리의 맑은 행복이 더 영원히 이어질 수 있도록 욕심을 버리고, 삶을 바라보는 자세를 바로 봐야 할 것입니다.

| 10장 |

무소유의 삶

곳곳에 기쁨이 숨어있습니다
가슴의 온도를 높이세요
고행은 '의미'와 함께 옵니다
모두가 같은 선에 있습니다

곳곳에 기쁨이 숨어있습니다

아이들은 어른의 안식처이다. 그리고 아내는 가장 으뜸가는 친구다.
―상응부경전

    여행이나 놀이문화를 살펴보면, 최근부터 가족단위의 구성원들이 많이 보입니다. 주말이 되면 가까운 공원에서도, 아이와 손을 잡고 놀아주는 부모들을 많이 볼 수 있습니다.
    아내는 돗자리를 펴고 앉아 실컷 뛰어놀다온 아빠와 아이들의 땀을 닦아 주며, 서둘러 물을 따라 줍니다. 그리고 새벽부터 정성스럽게 싸 온 도시락을 꺼냅니다.
    넓은 들판을 온통 정복하고 다니느라 배가 고팠던 아이들의 젓가락은 빨라지기만 합니다. 순식간에 도시락은 본연의 모습을 드러내고, 잠시의 쉴 틈도 없이 아이들은 다시 놀이 속으로 사라집니다. 평소에 학교와 학원을 오가며 나름 스트레스에 쌓였을 아이들과 모처럼 나온 주말 쉼터는 부모와 아이들의 편안한 공간이 되어줍니다. 어디서 그렇게 힘이 나는지 열심히 뛰어다니는 아이들을 보면서 부모들은 무슨 생각을 할까요.

'고단한 일상이지만, 아이들이 있어 행복하다.'

'평범한 인생이 제일 좋은 것이다.'라고 생각하며 뿌듯해 할 것입니다.

하루 종일 이 눈치 저 눈치 보며 회사 생활을 마치고 돌아온 남편. 집으로 오는 발걸음 또한 지쳐 있습니다. 갈수록 물가는 올라가고 승진을 해도 언제 회사에서 쫓겨날 지 늘 불안합니다. 게다가 날마다 성과를 올려야 한다는 강박관념이 하루하루의 스트레스를 가중시켜 심신은 지쳐만 갑니다.

하지만 집으로 들어서는 현관문을 연 순간 따뜻한 아내의 목소리가 들립니다.

"여보, 고생하셨어요. 저녁 맛있게 차려 놓았어요."

힘들어 하는 남편의 처진 어깨를 아내는 따뜻한 말 한 마디로 조용히 감싸줍니다. 그리고 방금 지은 따뜻한 밥 한 그릇과 정성스레 마련한 반찬과 국을 준비해 하루의 피로를 한 번에 없애줍니다. 식사를 마치고 나면 남편은 늘 친구처럼 든든하고 속 깊은 아내가 고맙기만 합니다.

얼마 전 오락 프로그램에서 어떤 이가 이런 말을 했습니다. "결혼을 하면, 아내랑은 사랑이 아니라 의리로 산다."라고 달입니다. 언뜻 듣기에 아내로서 기분이 상할지는 모르겠습니다. 하지만 곰곰이 생각해보면, 늘 기쁨과 슬픔을 함께 하고 내 편이 되어주는 친구와의 관계처럼 아내와의 관계도 의리로 표현한 것이 그리 나쁜 것은 아니라는 것을 알 수 있습니다.

평생 가슴 떨리는 사랑은 없습니다. 오히려 긴 세월 같은 편이 되어 같은 곳을 바라볼 수 있는 친구 사이가 더 자연스러운 관계입니다. 게다가 세월은 이러한 친구 관계를 잘 이어갈 수 있도록 편안한 다리가 되어줍니다.

우리가 사는 인생에는 평범한 일상, 자그마한 생각 속에 항상 행복이 숨어있습니다. 굳이 찾아다니지 않아도 생활의 기쁨은 주변에 고개를 내밀고 있습니다. 그것을 느끼고 만족한다면 그것이 무소유를 즐기는 삶입니다.

뒤를 돌아보며 후회하거나, 너무 앞서 미래를 생각하지 말고 잠시 지금 현재를 그려보십시오. 평생을 나와 함께 해 줄 아내와 아이들이 웃고 있을 것입니다.

가슴의 온도를 높이세요

그릇됨 없는 마음 참다운 계율이고, 우치가 없는 마음 여여한 지혜이고
산란을 여읜 마음 고요한 선정이고, 더하고 덜함없는 그 자리가 법신일세.
—육조단경

불교의 스님들은 왜 삭발을 하는 것일까요?

불교에서는 머리카락을 인간의 번뇌에 비유한다고 합니다. 그래서 번뇌를 없애고 수행에만 전념하기 위해서 머리와 수염을 깎는다고 합니다. 여기에 회색의 승복을 입음으로써 청빈한 삶을 살겠다는 의지를 표현합니다.

때로 일이 잘 풀리지 않는다고 생각할 때, 아님 새로운 결심에 대한 의지를 표현할 때 일반 사람들도 삭발을 감행하기도 합니다. 그만큼 머리카락을 깎는다는 것은 어떤 큰일에 대한 준비자세기도 합니다.

천주교에서도 준비 자세를 볼 수 있습니다. 미사에 임하는 사

람들은 하얀 미사포를 쓰고 미사를 봅니다. 마음을 정갈하게 닦아 깨끗하게 만들고, 가장 경건한 자세로 하느님을 섬긴다는 의미를 포함하고 있는 것이지요.

누군가를 섬기거나, 어떤 것을 부러워하여 그에 따르고자 하는 사람들은 마음의 준비가 필요합니다. 겉으로 보이는 모습뿐 아니라 가슴 속 깊은 곳에서 진심이 우러날 수 있도록 말입니다.

그럭저럭 대충 지나가는 사람에게는 깨달음이 올 수 없습니다. '어느 날 문득 깨달았습니다.'라는 말이 있지요. 하지만 이것도 항상 생각의 준비가 되어 있는 사람에게만 가능한 일입니다. 생각하는 습관을 들이고 받아들일 준비가 되어 있는 사람에게만 교훈이 따라가는 것입니다.

남의 집 대문에 들어서기 전에 옷매무새를 가다듬은 후, 크게 호흡을 하고 마음의 준비를 하는 것처럼 말입니다. 이렇게 충분한 여유를 가진 후에는 상대와 만났을 때 보다 깊은 교감을 이어갈 수 있습니다. 가슴으로 만나는 시간이기 때문입니다. 무작정 문을 박차고 남의 집에 들어서는 사람은 상대방에게 불쾌감을 줄 수밖에 없습니다.

준비된 사람은 상대방에게 부담을 주지 않습니다. 자신이 준비의 시간이 필요하듯 상대방에게도 여유를 줄 수 있는 배려심이 있기 때문입니다. 이 배려의 마음은 바로 가슴에서 옵니다.

"가슴은 존재의 핵심이고 중심이다.
가슴 없이는 아무것도 존재할 수 없다.
생명의 신비인 사람도, 다정한 눈빛도,
정겨운 음성도 가슴에서 싹이 튼다.
가슴은 이렇듯 생명의 중심이다."

법정 스님의 말씀입니다.

만약 차가운 바람이 불고 있다면, 이 바람으로부터 다른 사람을 보호하는 방법에는 무엇이 있을까요. 먼저 자신이 입고 있는 옷을 벗어 주는 것을 생각할 수 있습니다. 하지만 따뜻한 마음으로 안아줄 수 있는 가슴을 전한다면 바람 자체를 잠재울 수 있을 것입니다.

가슴은 누구에게나 있습니다. 물질적인 것은 없으면, 주고받을 수 없지만 가슴은 누구에게나 항상 있습니다. 그리고 주고 싶은 생각만 있다면 어느 누구에게나, 어떤 곳에서나 줄 수 있습니다.

다만 사람에 따라 온도의 차이만이 존재할 뿐입니다.

　법정 스님 말씀처럼 가슴은 존재 자체의 핵심인 것입니다. 가슴을 따뜻하게 유지하고 그 온도를 자신과 이웃 모두에게 나누어 준다면, 세상 모든 이의 심장을 울릴 수 있을 것입니다.

고행은 '의미'와 함께 옵니다

> 억울함을 당해도 굳이 밝히려고 하지 말라.
> 억울함을 밝히면 원망하는 마음이 생기나니,
> 억울함을 당하는 것으로써 수행의 문을 삼으라.
>
> 이와 같이 막히는 데서 도리어 통하는 것이요
> 구하는 것이 도리어 막히는 것이니…
> 그래서 부처님께서는
> "장애 가운데서 해탈의 도를 얻으라" 하셨느니라.
> ─보왕삼매론

"남에게 당하고는 못살아!"

"더 받았으면 받았지, 덜 받고는 안 되겠어."

사람의 마음속에는 '손해'라는 단어에 인색합니다. 손해를 보았을 때부터 벌써 마음의 계산기는 부지런히 눌러집니다. 이 손익 계산서를 넘어서 살다보면 때로는 억울한 일이 생기기도 합니다.

자신이 하지 않은 잘못을 뒤집어 쓸 경우도 있고, 아무런 일도 하지 않았는데 자신에게 해가 되는 일을 당할 수도 있습니다. 이럴 때 마음속에서는 앙갚음을 하고 싶은 생각이 굴뚝같습니다. 생활의 모든 기준은 억울함을 밝혀 상대에게 갚아주겠다는 것에 바탕을 두고 있습니다.

이러한 앙갚음과 억울함의 호소가 성공했다 해도 무슨 의미가 있을까요. 마음속의 분노만 커질 뿐입니다. 어차피 밝혀질 일이라면 굳이 표현하지 않아도, 자연스럽게 그 모습이 드러나기 마련입니다.

"피할 수 없다면 즐겨라."라는 말이 있습니다. 이러한 고행이나 억울함을 건설적인 생각으로 수행에 이용해 보십시오. 어려움 속에서 얻은 깨달음은 더 깊은 의미를 안겨줄 수 있습니다.

자신의 인생이 잘 풀린다고 생각하는 사람은 없습니다. 달콤한 인생은 길지 않기 때문입니다. 견디기 힘든 일은 생기기 마련이고, 이에 따라 억울한 일도 많이 생기는 게 인생입니다. 그렇다그 분통을 터뜨리며 흥분하며 살아간다면 결코 자신에게 좋지 않습니다. 이러한 고행에는 반드시 의미가 따라옵니다. 그 의미를 지나쳐 버린다면 가장 큰 손해를 보는 것입니다.

부처님은 이렇게 말씀하셨습니다.

1. 몸에 병 없기를 바라지 말라.
2. 세상살이에 곤란 없기를 바라지 말라.
3. 공부하는 데에 마음에 장애 없기를 바라지 말라.

4. 수행하는 데에 마(魔) 없기를 바라지 말라.

5. 일을 계획하되 쉽게 되기를 바라지 말라.

6. 친구를 사귀되 내가 이롭기를 바라지 말라.

7. 남이 내 뜻대로 순종해주기를 바라지 말라.

8. 공덕을 베풀 때에는 과보를 바라지 말라.

9. 이익을 분에 넘치게 바라지 말라.

10. 억울함을 당할지라도 굳이 변명하려고 하지 말라.

〈보왕삼매론〉

부처님은 장애를 겪는 가운데서 깨달음을 얻을 수 있다고 하셨습니다. 조용하기만 한 삶에는 배움이 있을 수 없습니다. 고난을 이겨내고 그것을 상대하는 과정이 있다면, 부처님의 깨달음은 영원히 깨지 않을 단잠으로 남을 것입니다.

모두가 같은 선에 있습니다

> "세존이시여! 세간은 공(空)이라 하셨는데, 어떤 것을 세간의 공이라 하십니까?"
> "눈이 공이요, 영원히 변하지 않는다고 말하는 법도 공이며, 내 것이라는 것도 공이다. 이는 본바탕이 그렇기 때문이다. 눈이 사물을 보고 느끼는 감정인 즐거움이나 괴로움, 또는 즐겁지도 괴롭지도 않은 것 역시 공이니라. 귀·코·혀·몸·뜻에 있어서도 마찬가지이다."
> —잡아함경

직업에 귀천이 없고, 사람에 있어 높고 낮음이 없다 하지요. 하지만 대부분의 사람들은 100퍼센트 평등한 사회에 살고 있다고 생각하지는 않을 것입니다. 차별 없는 세상을 원하고 그런 삶을 추구하고 있지만 현실 속에는 아직도 높고 낮음이 있습니다.

얼마 전 인터넷을 뜨겁게 달군 사건이 하나 있었습니다.

모 대학의 여대생이 청소하는 아주머니께 욕설을 퍼부은 사실이 있었습니다. 사건은 아주머니의 딸에 의해 순식간에 인터넷을 달구고, 네티즌들은 너나없이 해당 학생을 찾아야 한다고 목소리를 높였습니다. 결국 학생의 신분은 밝혀지고 그 부모와 해당 학생의 사죄로 사건은 조용히 문을 닫았습니다.

하지만 이 사건을 계기로 청소하는 직업을 가진 사람들의 피해 사례가 속속히 밝혀지면서 우리 사회가 얼마나 선입견과 차별로 덧칠해져 있는지 다시 한 번 생각하게 되었습니다. 빌딩을 청소하는 어떤 사람은 청소복을 입은 상태에서 다른 직원과 같이 엘리베이터를 탈 수 없었고, 화장실을 청소하는 어떤 사람은 무슨 더러운 것이라도 묻은 양 사람들이 피해간다고 합니다. 심지어 어떤 이는 인사를 해도 아예 없는 사람인 양 무시하거나 딴청을 하기도 한다고 합니다.

아마 이런 부분은 사회의 일면에 지나지 않을지도 모릅니다. 우리가 인식하지 못하는 사이에도 곳곳에서 차별이나 부당함은 쌓여가고 있을 것입니다. 어떤 사람은 그것을 알면서도 지나치고, 어떤 사람은 가해자임에도 불구하고 아무렇지 않게 살고 있을 것입니다. 이대로 이어지면 사회는 무너질 수밖에 없습니다.

어떤 사람이든 어떤 직업이든 귀하지 않은 것은 없습니다. 모든 구성원 하나하나가 제각기 맡은 바 일에 성실하게 임해야만 나라가 발전하는 것입니다. 커다란 회사를 운영하는 대기업 대표도 직원들이 없으면 경영은 제대로 이루어질 수 없습니다. 농사

짓는 사람이 없으면 돈이 많아도 밥을 먹을 수 없는 것처럼 말입니다.

성철 스님은 이렇게 말씀하셨습니다.

"'이것이 있으므로 저것이 있고 이것이 생기므로 저것이 생깁니다. 이것이 없으므로 저것이 없고 이것이 죽으므로 저것이 죽습니다.' 이는 두 막대기가 서로 버티고 섰다가 이쪽이 넘어지면 저쪽이 넘어지는 것과 같습니다. 일체 만물은 서로 의지하여 살고 있어서, 하나도 서로 관련되지 않은 것이 없다는 이 깊은 진리는 부처님께서 크게 외치는 연기의 법칙이니 만물은 원래부터 한 뿌리이기 때문입니다."

성철 스님의 말씀처럼 우리는 모두 하나의 끈에 이어져 줄을 당기는 사람들과 같습니다. 한 입으로 구호를 외치며 같은 방향으로, 같은 때에 당겨야만 가장 큰 힘을 발휘할 수 있습니다. 한 사람의 힘이라도 귀하게 여겨 더 많이 당겨질 수 있도록 격려하며 도와주는 것이 서로에게 이로운 일입니다.

각자 자기 욕심만 차리며 자신의 방향으로만 줄을 당긴다면 줄은 절대 움직이지 않습니다. 지금보다 조금만 더 욕심을 버리고 다른 사람과 함께 어울려 존중하는 사회를 만들어 봅시다.

이제껏 부당함을 당해왔던 사람이나, 부당한 대우를 했던 사람이나 조금씩 서로의 입장을 되짚어 보고 함께 걸어간다면 평등한 우리 모두의 모습을 더 가까이에서 볼 수 있을 것입니다. 우리는 모두 같은 선에 있기 때문입니다.